Adolf Weißmann

Bizet

Weißmann, Adolf

Bizet

ISBN: 978-3-86741-485-2

Auflage: 1
Erscheinungsjahr: 2010
Erscheinungsort: Bremen, Deutschland

© Europäischer Hochschulverlag GmbH & Co KG, Fahrenheitstr. 1, 28359 Bremen (www.eh-verlag.de). Alle Rechte beim Verlag und bei den jeweiligen Lizenzgebern.

Bei diesem Titel handelt es sich um den Nachdruck eines historischen, lange vergriffenen Buches aus dem Verlag von Marquardt & Co, Berlin (1907). Da elektronische Druckvorlagen für diese Titel nicht existieren, musste auf alte Vorlagen zurückgegriffen werden. Hieraus zwangsläufig resultierende Qualitätsverluste bitten wir zu entschuldigen.

GEORGES BIZET

Seinem lieben, verehrten Freunde
Dr. Leopold Schmidt.

Bei der Beschaffung des Materials für diesen Versuch einer Würdigung Bizets unterstützten mich in freundlicher Weise die Herren Ludovic Halévy, Prof. George Pfeiffer zu Paris, Oberbibliothekar Prof. Dr. Kopfermann zu Berlin und Albert Ahn zu Cöln. Es drängt mich, ihnen dafür meinen Dank auszusprechen.

Dr. Adolf Weißmann.

Verkannt, erkannt.

Wer über das Chaos unserer Kulturepoche in objektiver Betrachtung sich erheben will, muß erschreckt seinen Blick abwenden von der Fülle gegensätzlicher Erscheinungen, die sie bietet. Unter den Kunsthistorikern ist der kritische Beobachter unserer musikalischen Entwicklung in besonders mißlicher Lage. Der gigantische Richard Wagner bringt ihn vollständig aus dem Konzept. Er hat es zuwege gebracht, daß die Gegensätze mit selten erhörter Wucht aufeinander prallen, er hat in Wort und Ton für sich gekämpft und kämpfen lassen, um scheinbar auf der ganzen Linie zu siegen. Er hat auch den Besonnenen den Sinn für Gerechtigkeit getrübt. Nirgends kann die Begeisterung so einseitig werden wie in der Kunst, weil kein logischer Beweis vom Gegenteil wie in der Wissenschaft mit Fug und Recht stürzen kann, was ein mächtiger Impuls aufgebaut. Und nirgends wird die Begeisterung zu gleichem Fanatismus anwachsen wie in der Tonkunst, die, im innersten Kern der Wirklichkeit des Lebens abgewandt, mit fast brutaler Gewalt von unserem Nervensystem Besitz ergreift. Dabei macht man unserer Zeit den Vorwurf, daß sie die kritische Sonde auch da anlegt, wo wir sie besser entbehren würden; daß sie mehr verstandesmäßig zergliedert als herzlich empfindet. Wie seltsam, daß hart neben unerbittlich zersetzender Kritik eine Kritiklosigkeit gedeiht, die jede Tatkraft unter das Joch der Stimmung zwingt! Fürwahr, von allen Gegensätzen ist dieser der seltsamste. Und doch ist er wieder nicht seltsam. Die Unfähigkeit, einer Erscheinung wie Richard Wagner kritisch beizukommen, rührt wohl auch daher, daß hier ein gewaltiger Meister, dem mit dem künstlerischen Impuls zugleich die Gabe eines zergliedernden Verstandes in die Wiege gelegt worden, zum ersten Male all das Rüstzeug seines Wissens, seines Könnens in den Dienst propagandistischer Kraft gestellt und so seine Widersacher mundtot gemacht hat. So konnte der Meister, der die Form zerbrach, im Bunde mit den vielseitigen Ästheten, deren unser Volk viele Tausende zählt, auch die überzeugtesten Gegner niederzwingen, jene, die, an der Tradition der Tonkunst, an der großen Vergangenheit vollgesogen, in der Form ihr Allerheiligstes sahen.

Richard Wagner war mißverstanden worden. Aber auch heute wird er keineswegs verstanden, nur so tief empfunden, daß der Fanatismus alles aus andersgeartetem künstlerischem Geiste Hervorgegangene verschlingt. Und nur die Armen am Geiste, die unzähligen anderen, denen der aristokratische Bayreuther Meister nicht gepredigt hat, hegen noch in ihrem Inneren die Liebe für jene Kunst, die ihnen nicht künstlerische, nachschaffende Arbeit, sondern Erlösung von der Einförmigkeit, von der Qual des Alltags bedeutet.

Auf einsamer Höhe steht Bizet. Auch er war ein Aristokrat des Geistes; aber er verschmähte es nicht, zur gemeinen Menge hinabzusteigen. Der Aristokrat in ihm strebte über die Schablone in Harmonie und Orchesterfarbe hinaus; der Moderne in ihm wußte zu vertiefen, zu charakterisieren, die feinsten Nerven, die intelligentesten Geister in Mitschwingung zu versetzen; der Theatermann in ihm verachtete die alte Form nicht, befreite sie nur von allem, was Primadonneneitelkeit ihr angehängt, und stellte sie in den Dienst der Wahrheit. Darum auch jubelten ihm Millionen Herzen zu. Nicht sogleich. Denn auch ihm ist das tragische Vorrecht der Großen, mißverstanden zu werden, in reichstem Maße zuteil geworden. Man begreift heute nicht warum. War er ja doch keiner der Meister, die die Form zerbrechen. Man begreift es nur, wenn man ein französisches Milieu in Betracht zieht, das sich nie auf einen ursprünglichen, musikalischen Sinn, auf ein richtig geleitetes Urteilsvermögen berufen darf. Wagner mißzuverstehen, hatte Deutschland ein gutes Recht; Bizet konnte nur Frankreich mißverstehen. Da man sich nicht zu helfen wußte, berief man sich auf das Gespenst Wagner. Man spottete seiner und wußte nicht wie. In der Tat war Bizet fast der einzige, der Wagner begriffen hatte, um ihm ausweichen zu können. Kaum war „Carmen" nach Deutschland gekommen, so erteilte man Frankreich eine Lektion, wie das Land seine Propheten zu ehren habe.

So durchzieht denn Bizets Leben ein Hauch von Tragik. Es findet keinen versöhnenden Abschluß. Grausam fällt ihn der Sensenmann, nachdem er den letzten kühnen Wurf getan. Welch Glück, daß auch der modernste Geist, der klügste Kopf naiv genug ist, sich von der Hoffnung narren zu lassen! Daß auch heute noch in den Größten der Idealismus unwiderstehlich hervorbricht und Meisterwerke schafft!

Die den Propheten im eigenen Lande nicht geehrt hatten,

empfanden die Gewissensnot, als das Ausland ihnen den rechten Weg gewiesen, stark und stärker: der 21. April 1883, an dem „Carmen" seinen Einzug in die Pariser Opéra comique hielt, bedeutet zwar keinen Triumph der Urteilskraft, aber einen Triumph des guten Herzens und Willens. Bald fanden sich auch die Biographen. Gewiß hatte schon Bizets Tod in einigen wenigen Musikern, in Massenet, Saint-Saëns, in Victor Wilder, der ihm im Ménestrel ergreifende Worte widmete, die Empfindung geweckt, daß ein führender Geist abgerufen worden war; gewiß hatten ihm, dem warmen, offenen Freunde, dem leidenschaftlich vorwärts strebenden Künstler, viele Herzen entgegengeschlagen. Aber jetzt erst, im Jahre 1883, war das seltsame Pariser Publikum für ihre Sache gewonnen, jetzt erst durfte man dem Toten Lorbeerkränze widmen, in der frohen Hoffnung, daß weder Unverstand noch Übelwollen sie entblättern würden. Die Biographen hatten leichtes Spiel. Gar viele hatten Bizet unter sich wandeln sehen; alle Quellen lagen offen vor ihrem Blick. Charles Pigot, von Bizets intimstem Freunde Ernest Guiraud unterstützt, sammelte fleißig, mit schönem Eifer, alles Vorhandene, und setzte mehr seiner warmen Begeisterung für die Person und für die Sache als der Fähigkeit kritischer Aussonderung in seinem dickleibigen Bande ein Denkmal. Andere wie Louis Gallet, Edmond Galabert und Marmontel fügten eigene Erinnerungen an ihren Freund, Mitarbeiter und Schüler zu einem Bilde zusammen. Endlich war aber auch die Zeit gekommen, wo Frankreich der Wert des dahingeschiedenen Meisters aus beredtem Munde gepredigt werden mußte. Einen warmen, poetischen Essay, der nach Möglichkeit alles Zufällige, Vorübergehende hinter sich läßt, um von hoher, obwohl französischer Warte aus die künstlerische Bedeutung Bizets in strahlende Beleuchtung zu rücken, hat Camille Bellaigue geschrieben: ein wirklich großzügiges Buch.

Was hat demnach ein deutscher Monograph zu tun? Ihm winkt eine ehrenvolle Aufgabe. Leichten Herzens wird er darauf verzichten, was andere vom Leben Bizets ausführlich erzählt, zu wiederholen. Nur an bedeutungsvollen Momenten in diesem Dasein, das so schnell vorüberrauschte, wird er verweilen, auf die Züge weisen, die die spätere Entwicklung, die spätere Meisterschaft andeuten. Er wird sich erinnern, daß von Deutschland Bizets Ruhm ausgegangen ist. Diese Erinnerung verpflichtet. Sie verpflichtet unter anderem auch, zu untersuchen, ob nur „Carmen" der Volkstümlichkeit wert ist; sie verpflichtet, auf den Wert hinzuweisen, den Bizet in diesem Wagner-Säkulum für sich, für uns Deutsche, für die Zukunft der Oper beansprucht.

Keime, Hoffnungen, der erste Schmerz.
(Von Paris zur ewigen Stadt.)

Ob über der Geburt Georges Bizets, die am 25. Oktober des Jahres 1838 stattfand und in den standesamtlichen Registern als die Geburt Alexander Cäsar Leopold Bizets verzeichnet wurde, wirklich nur die „douce fée de l'harmonie" gewacht hat, kann man füglich bezweifeln. Die Zeit, wo ein zweiter Mozart geboren werden konnte, war unwiderruflich vorbei. Den Biographen war es selbstverständlich darum zu tun, diese Tatsache mit allen Mitteln zu beweisen. Die Musik war zwar in dem Hause Bizet, das mit dem des Dutzendmusikers Delsarte verschwägert war, so gern gesehen, daß der Vater selbst in reifem Alter die Instrumente des Handwerkers mit denen des Musikers vertauschte. Aber er ist wohl auch in der Musik nicht mehr als ein Handwerker gewesen, der seine Stunden brav erteilte. So konnte von einer starken erblichen Übertragung musikalischer Anlage nicht gut die Rede sein. Doch mochte der Vater ja das dunkle Gefühl haben, daß sein Sohn ihm an musikalischer Ursprünglichkeit bedeutend überlegen sei. Denn die unbedingte Treffsicherheit, der melodische Sinn, die sein Kind auszeichneten, fielen auch ihm auf; so konnte er nichts besseres tun, als den Knaben nach einer kurzen Vorbereitungszeit unter seiner eigenen Leitung dem Konservatorium zuführen. Bald aber stellte es sich heraus, daß Bizet eine etwas kompliziertere Natur war. Schon früh machte sich bei ihm der moderne, literarische Zug bemerkbar, der seine Kunst gefördert hat, ohne sie zu überwuchern. Sein Vater, der in ihm nur den vielversprechenden Instinktmusiker sah, wandte die ganze Mühe des Pedanten auf, um ihn vor Zersplitterung zu bewahren. In unserer Zeit der krankhaften Vielseitigkeit behält der Pedant recht. Und Bizet, der unter Marmontel, Zimmermann, Gounod und Halévy ernst arbeitete, hätte es ohne diese Pedanterie, zu der ihn bald eigene Überlegung und eigener Ehrgeiz zwangen, nicht zur Meisterschaft in allem Erlernbaren bringen können. Es soll hier nicht von der beträchtlichen Menge von Preisen die Rede sein, mit denen er der Schablone nach bedacht wurde. In den roma=

GEORGES BIZET
als Pensionär der Villa Medici zu Rom

Die Perlenfischer.
N? 1. Vorspiel.

nischen Ländern, die so oft als Sitz der Freiheit gelten, wimmelt es nur so von Prüfungen, von Preisen, über die ein Eigener am Ende nur lächeln kann. Bizet war ein ausgezeichneter Klavier- und Orgelspieler geworden und beherrschte den Kontrapunkt. Unnötig zu sagen, daß er sich mit Begeisterung auf Bach stürzte und aus ihm jene Ansätze zur Polyphonie sog, die ihn zum Symphoniker befähigte und in den reifsten Werken, wie in „Carmen", ihr Wesen treibt. Der junge Bizet machte aber in mehr als einer Beziehung dem System einen Strich durch die Rechnung. Der muntere Jüngling empfand schon sehr früh das Bedürfnis nach Ellbogenfreiheit. Er war zu allerhand losen Streichen aufgelegt, von denen seine Konservatoriumsmitschüler, wie Diémer, Planté, Sarasate noch heute schmunzelnd erzählen. Er dehnte diese Ellbogenfreiheit auch auf seine Kunst aus. Er beging den losen Streich einer Operette „Le Docteur Miracle", in deren Lorbeeren er sich mit Lecocq teilte. Der große Parodist Offenbach, damals Direktor der Bouffes-Parisiens, hatte mit der Ausschreibung eines Preises auch Bizets kecke Laune angeregt. Es war übrigens ein auf altitalienische Harmlosigkeit zurück- greifendes Textbuch von Léon Battu und Ludovic Halévy, das eine sehr harmlose Vertonung gefunden hat: eine sehr einfache, durch eine kleine Verkleidungsszene gewürzte Liebesgeschichte, die selbstverständlich in der glücklichsten Weise endet.

Da endlich kam der große Tag, an dem Bizet den Staub von Paris, in körperlichem und in geistigem Sinne, von den Füßen schütteln konnte: wonach er dürstete, das wurde ihm mit dem Römerpreis geschenkt. Er erkaufte sich die Freiheit mit dem

Zwange einer Kantate „Clovis und Clotilde", einer von den üblichen Schülerarbeiten, die ihm leicht von der Hand gingen. Und er zog nach der ewigen Stadt, um nach Jahren anstrengender künstlerischer Zucht sich ausleben, seinen Neigungen als moderner, poetischer Mensch mit klassischen Idealen nachgehen zu können. Er liebte seine Eltern mit der ganzen Kraft seines warmen Herzens, er liebte seine Freunde, unter ihnen Ernest Guiraud, und freute sich neidlos über ihre Erfolge; aber nun verlangte seine Natur ihr Recht. In Rom, wo er zum letzten Termin, am 28. Januar 1858, in Villa Medici eintraf, kam es wie ein Rausch über ihn. In einem der ersten Briefe, der vom 16. Mai 1858 datiert ist, bekennt er: „Je m'attache à Rome de plus en plus. Plus je la connais, plus je l'aime. Tout est beau ici. Chaque rue, même la plus sale, a son type, son caractère particulier, ou quelque chose de l'antique ville des Césars...." Und in einem vom 8. Oktober 1858 datierten: „Je sens aussi se fortifier mes affections artistiques. La comparaison des peintres, des sculpteurs et des musiciens y est pour quelque chose..." Merkt man in alledem nicht den Theatermann, dem die Musik als weltabgewandte Kunst nicht genügt? So konnte er auch am 31. Dezember 1858 schreiben: „Mon goût se prononce définitivement pour le théâtre, et je sens vibrer certaines fibres dramatiques que j'ignorais jusqu'à ce jour. Enfin, j'ai bon espoir..." Wie gründlich hat der junge Mann den einseitigen Musiker abgeschüttelt, wenn er am 2. Januar 1859 mitteilen kann: „Nun ist es ein Jahr her, daß ich von Paris weg bin. Noch zwei Jahre kann ich ganz glücklich sein. Ich habe mein erstes Jahr nicht gerade schlecht benutzt. Ich habe mehr als fünfzig dicke Bände Geschichte und Literatur studiert, Land und Leute kennen gelernt, mich ein wenig mit Kunstgeschichte befaßt, bin schon ein bischen in der Malerei, in der Bildhauerei usw. bewandert." Zur Beruhigung seiner Mutter fügt er hinzu: „Ich habe so viel Musik gemacht, wie man in vier Monaten fleißiger Arbeit machen kann." Berlioz, der Programmusiker, dachte anders über den Aufenthalt der jungen Musiker in Rom. Er blieb im Grunde, mit seiner Gleichgültigkeit gegen die bunte Welt, die ihn umgab, absoluter Musiker.

Bizets Briefe in der Zeit seines römischen Aufenthaltes, die zugleich die bedeutsamste Zeit für seine künstlerische Entwicklung ist, verraten aber noch mehr als den strebsamen Künstler. Wie oft erdrückt das Gefühl einer starken Individualität gerade im Künstler das warme Herz, macht ihn stumpf gegen seine Umgebung, entfremdet ihn denen, die seinem Herzen am nächsten stehen sollten! In Bizet, dem die Kunst heilig war, lebte doch der Künstler mit dem Menschen in innigster Gemeinschaft. Nicht umsonst fühlte er sich zu Schumann hingezogen; mit ihm verband ihn die gleiche Gemütstiefe. Hören wir ihn selbst: „Meine Pflichtsendung macht nette Fortschritte, sie wird am 1. April vollständig fertig, instrumentiert und kopiert sein. Alles geht gut, vorausgesetzt, daß ich bei meiner Rückkehr drei hübsche Akte finde, die mir die Tore des Théâtre lyrique öffnen.

Mein Brief gelangt zum neuen Jahr in Euren Besitz. Ich will also bei dieser Gelegenheit auch meine Wünsche für Euch aussprechen. Zunächst ersehne ich für Euch eine ungetrübte Gesundheit des Körpers, von der die Gesundheit des Geistes untrennbar ist. Dann wünsche ich, daß das Geld, dieses scheußliche Metall, an das wir ja alle gebunden sind, Euch nicht zu sehr in Verlegenheit bringe. Übrigens spukt mir ein netter Plan im Kopfe herum. Habe ich erst 100000 Francs, also mein Schäfchen ins Trockene gebracht, dann werden weder Papa noch ich Stunden geben. Dann wollen wir als Rentiers leben, was ja gar nicht übel ist. 100000 Francs ist doch eigentlich gar nichts, das bedeutet einen zweimaligen Opernerfolg. Der Prophet hat eine Million eingebracht. Schließlich wünsche ich mir, immer mit dem ganzen Herzen an Euch zu hängen und zu bleiben, wie ich es heute bin, Euer Euch innig liebender Sohn." Diese Hoffnungsfreudigkeit des jungen Bizet schneidet uns ins Herz. Vielleicht mag es dem oder jenem seltsam erscheinen, daß der Idealismus Bizets vor der Bezeichnung so praktischer Ziele nicht zurückschreckte. Aber ist nicht schon die Oper eine Konzession, und schließt sie nicht mit dem Streben nach Popularität zugleich das Streben nach materiellem Gewinn mit ein? Wir werden ja sehen, wie Bizet diese Konzession durch einen heiligen Ernst, durch seltenes Können, durch das Streben nach Wahrheit zu weihen wußte. Übrigens hat er uns auch verraten, was er in dieser vie de rentier anzufangen gedachte: „Ach", so äußerte er einmal, „nur ein einziger großer Opernerfolg, und ich würde nichts weiter als symphonische und Kammermusik komponieren." So empfand auch er das starke Bedürfnis nach jener Edelkunst, die, losgelöst von der Wirklichkeit, in sich selbst die Erfüllung aller Wünsche sieht. Ich kann es mir nicht versagen, ihn noch aus einem seiner Briefe sprechen zu lassen: „Liebe Mutter, zunächst mache ich Dir Mitteilungen über meine Arbeit; sie sind günstig. Der Gedanke der Symphonie läßt mich nicht los; und es ist mir nun schon fast gelungen, ein Finale auf die Beine zu bringen. Ich habe nach meiner Überzeugung ungeheure Fortschritte gemacht; das Schreiben wird mir leicht, und was ich schreibe, hat Hand und Fuß: das sind zwei günstige Symptome. Ich glaube, daß Du an meiner jetzigen Musik eine große Veränderung wahrnehmen wirst; sie ist ganz anders als das, was ich in Paris machte, selbst wenn es mir gelang. Ich fühle, daß ich mit jedem Schritt vorwärtskomme. Hoffen wir, daß kein Stillstand eintreten wird. Der Fortschritt ist nötig, denn das ‚sehr gut' ist so schwer, daß ein ganzes Leben nicht genügt, um es selbst annähernd zu erreichen." Kein Wunder, daß auch ihn, wie alle Großen, mitunter die Mutlosigkeit packt, daß er daran verzweifelt, das hohe Ziel zu erreichen, dem er unablässig zustrebt.

So geben Bizets Briefe aus jener Zeit den ganzen Menschen: mit seinem warmen, mitteilsamen Herzen, das namentlich an der Mutter mit allen Fasern hing, sich ihr in allen seinen Regungen, künstlerischer und menschlicher Natur, offenbarte, mit seinem unaufhaltsamen Streben nach dem Höchsten in der Kunst, in der er lebte, mit seinem warmen Interesse für alles, was ihn umgab. Und schließlich zeigen sie uns auch den Literaten, der Klarheit des Denkens in einem klaren, flüssigen Stil zum Ausdruck brachte.

Bizet spricht in seinen Briefen von seinen Fortschritten; er erklärt, daß er das Geheimnis des Instrumentierens bereits besitze. Sehen wir uns also die musikalischen Pflichtsendungen an, die er an die hohe Behörde nach Paris schickte. Die Pensionäre der

Villa Médici, soweit sie Musiker waren, brachten in dieser Umgebung, die ihnen musikalisch gar nichts sagte, nicht gerade Meisterwerke zustande. In einem Geiste wie Bizet, der sie mit ganz andern Augen ansah, weckte sie auch ein ganz anderes musikalisches Echo. Wir hatten bereits gesehen, daß der Theaterteufel ihm, blinkendes Gold vorgaukelnd, auf dem Nacken saß. Wir hatten es schon einmal erlebt, daß er ihn von dem rechten Wege der Schablone auf die weltbedeutenden Bretter zu locken verstand. Hier in Italien, wo durch das Volksleben selbst ein dramatischer Zug ging, wo alles Leben und Bewegung atmete, wo schließlich auch auf der Opernbühne Verdi einen dramatischen Trumpf nach dem andern ausspielte, zeigte der Teufel noch einmal die Macht seiner Verführungskunst. Und wie es sich von selbst verstand, hielt er dem jungen Manne nur Bilder der Lebensfreude und der Sorglosigkeit vor. Bekanntlich hat den „Don Procopio", dessen harmlose Fabel ihm der Besuch bei einem fliegenden Buchhändler in Rom vermittelte, ein Zufall aus den Papieren Aubers hervorgefischt. So konnte diese zweiaktige Buffooper, von Charles Malherbe gründlich revidiert und mit Rezitativen versehen, im Theater von Monte Carlo am 6. März des Jahres 1906 zum ersten Male in Szene gehen. Es wäre auch schade um dieses Werk gewesen, obwohl es von dem späteren Bizet nichts weiter zeigt als ein in allen Sätteln gerechtes, bei dem jungen Musiker wirklich erstaunliches Können und eine von jeder Schablone freie Anpassungsfähigkeit an das italienische Vorbild Rossinis. Seine Schwärmerei für Rossini kann man auch dem modernen Musiker in ihm nicht übelnehmen; wird sie doch sogar von dem

Don Procopio.

ACTE II.
Même Décor qu'au 1.er Acte.

Sérénade.
ODOARDO, BETTINA.

Don Procopio.

Entr' acte

allermodernsten Meister, Richard Wagner, geteilt. Bei Bizet hatte diese Vorliebe nur eine ganz andere Bedeutung; denn der starke Hang zur Literatur, der in ihm lebte, der ihn auch seine Text= bücher mit besonderer Aufmerksamkeit wählen ließ, brachte doch den reinen Klang der Musik nicht zum Schweigen. Bizet blieb Instinktmusiker und liebte deshalb Mozart und Rossini mehr als Beethoven und Meyerbeer. Doch was half schließlich Bizet in diesem Falle die große Vorsicht? Seine Neigung zu Rossini, sein Instinktmusikertum war so stark, daß es ihn auch textlich auf die Pfade des italienischen Meisters führte. Die Ge= schichte von dem Geizhals Don Procopio, der ein junges Mädchen, Bettina, heiraten will und dabei verunglückt, weil dieses bereits mit Odoardo in viel angemessenerer Weise versorgt ist, hat doch eine verzweifelte Ähnlichkeit mit der des „Barbiers von Se= villa". So konnte Bizet seiner Vorliebe für Rossini ungehemmt die Zügel schießen lassen. Er tat es mit aller Diskretion, er schuf eine frische, fröhliche Partitur, faßte Ensemblesätze meisterhaft zu= sammen, lieh seinen Figuren charakteristische Züge und ließ das Orchester zuweilen eine eigene Sprache reden. Der Instinkt= musiker erstickt nicht im Kolorit; alles, auch in der Farbe, ist Klar= heit. Schon leuchtet hier in den reinen Instrumentalsätzen das symphonische Können des werdenden Meisters auf. Da gibt es eine klare Entreaktsmusik im klaren C-dur, die die Motive frei und im Dienste des edlen reinen Klanges verwendet: eine kleine Vorahnung des Es-dur=Intermezzos, das uns von der Schmugg= lerszene in „Carmen" den ganzen Zauber einer Mondscheinland= schaft schauen läßt. Kein Wunder, denn bald wird Odoardo seiner

Bettina in einer reizenden Serenade in A-moll seine Liebe singen. Diese Serenade mit ihrem leicht melancholischen Zug, die Bizet in der „Jolie Fille de Perth" später sich selbst entlehnen wird, fällt als Kabinettstück echt französischer Kleinkunst aus dem Rahmen der Buffooper ein wenig heraus. Kann dieses Werk, das als ein Abirren vom rechten Wege zwar das Kopfschütteln der weisen Jury erregte, das sie aber als starke Talentprobe auch über die ausgefallene Messe tröstete, uns mehr sein als ein literarisches Beweisstück für Bizets Können? Kann es auch heute noch seinen Zweck als Buffooper erfüllen? Wir hatten schon gesehen, daß der Text eine Harmlosigkeit aus zweiter Hand ist. Nicht ganz so harmlos ist die Musik. Es wäre immerhin eines Theaters mit idealeren Neigungen wert, sie wiederzuerwecken.

Übrigens war auch Bizet solcher Harmlosigkeiten müde geworden. Das Schweben zwischen Tonika und Dominante, das ihm sein Stoff zur Pflicht machte, war nicht der Ausdruck seines eigensten Wesens. Gleich seine zweite Romsendung zeigt ihn uns in anderem Lichte. Hier erscheint er sogar auch in bescheidenem Maße als Textdichter. Hier bricht bereits die Neigung zur Exotik durch. Mit seinem „Vasco de Gama", einer beschreibenden Symphonie mit Chören, versetzt er uns in die Welt Spaniens. In den Chören vernehmen wir die sanfte Wellenbewegung des Meeres, bis ein ausbrechender Sturm ein wahres Toben im Orchester entfesselt, der Modulation Schwingen leiht, uns vor Kühnheiten stellt, die wir von dem Bizet des „Don Procopio" nicht erwartet hätten. Ein phantastischer Zug, ein Motiv gemahnen uns an den „Fliegenden Holländer". Und die Welt

Vasco de Gamo.

Spaniens zeigt ein Bolero in H-moll, über dem eine von jenen Melodien thront, die wir in „Carmen", nur reicher ausgestattet wiederfinden werden. So ringt sich schon hier, aus der Hülle der schulmäßigen Arbeit, der spätere Bizet los.

Die dritte Romsendung zeigt uns Bizet scheinbar ein wenig rückständig. Doch das war natürlich. In der reinen Orchestersuite, Scherzo et Andante, Marche funèbre muß er notwendig auf die deutschen Klassiker zurückgreifen. Wir können uns hier darauf beschränken festzustellen, daß er die Form beherrscht.

Für Bizet schlug die Scheidestunde; er hatte sie um ein Jahr hinausgezögert, um seinem inzwischen gleichfalls mit dem Rompreise bedachten Freunde Ernest Guiraud sein Herz ausschütten zu können. Der Tod der Mutter warf den ersten Schatten auf sein junges Leben (1860).

Denken wir noch einmal daran, was Italien dem jungen Musiker geschenkt hatte: das Volksleben hatte den Theatermann in ihm, den Sinn für Kolorit angeregt, das dramatische Leben, das in den Werken der Italiener, namentlich Verdis, so kräftig pulsierte, hatte in seinem Herzen lebhaften Widerhall geweckt. Bei alledem war er den deutschen Meistern nicht untreu geworden. Ihnen hatte er es zu danken, daß er über sein Orchester bereits das zarte Gewebe einer Stimmführung zu breiten wußte, die seine Arbeiten weit über das Mittelmaß erhob. Und da die echte Größe nur in der Tragik gedeiht, so mußte auch der schrille Ausklang des Aufenthaltes in Italien nach Jahren des Frohsinns im Schoße angestrengter Arbeit allmählich den Meister in ihm reifen lassen.

Die Not pocht an seine Tür.

Wie traurig, mit der holden Poesie einer zauberhaften Land=
schaft, eines leichtbeschwingten Lebens zugleich die erwär=
mende Mutterliebe aufgeben zu müssen, die ihm in Stunden
der Mutlosigkeit Trost zusprach! Bizet kam gerade noch zur Zeit,
der Armen die Augen zuzudrücken. Dann stand er allein und konnte
nur von Erinnerungen zehren. Die Bilder, die der Theaterteufel ihm
vorgehalten, mußten vor der harten Notwendigkeit, sein Leben zu
fristen, ein wenig verblassen. In dieser Zeit, wo der Hunger an
seine Tür zu pochen drohte, erinnerte er sich, mußte er sich des
trauten Genossen seines frühesten künstlerischen Daseins erinnern:
des Klaviers. Er liebte es und konnte ihm nie untreu werden.
Sein Lehrer Marmontel stellte ihm das Zeugnis aus, daß er mit
dem Tasteninstrument auf du und du stand, daß ihn eine Herzens=
neigung mit ihm verband, die in einem selten ausdrucksvollen Ton
von der sonst so prüden und spröden Dame erwidert wurde. Wir
dürfen es auf Treu und Glauben hinnehmen, wenn eine Anekdote
Bizet in erfolgreichen Wettbewerb mit Liszt treten läßt. Nur
daß Bizet über den Salon nicht hinausstrebte. Er blieb mit dem
Klavier in trautester Intimität und entschloß sich nie dazu, seine
Liebe zu ihm vor der breitesten Öffentlichkeit auszubeuten. Noch
etwas anderes aber hielt ihn davon ab. Seine Neigung für das
Instrument war wohl auf Achtung gegründet und darum dauer=
haft. Er wußte, daß in ihm die Keime zur symphonischen wie
zur Opernmusik ruhten; ihm hatte er, da Bachs Fugen ihm frühzeitig
ihre Geheimnisse enthüllt, mittelbar die Mehrstimmigkeit zu danken,

die von allem, was in ihm sang und klang, untrennbar war. Und der werdende moderne Meister, der einen Stil ohne Form nicht begriff, schätzte gleich einem Beethoven das Klavier als den festesten Grund für den schaffenden Tonkünstler. Aber bei aller Achtung und Liebe für das Tasteninstrument sah er in ihm nur ein Mittel, nicht den Selbstzweck. „D'après lui", sagt Galabert, „un compositeur devait s'attacher à devenir pianiste, afin de s'habituer par là à donner de la précision à la forme." Bizet fürchtete überdies, sich mit seinem Auftreten als Pianist den Weg zum kompositorischen Erfolge selbst zu verbauen. Er kannte das Publikum: „Dem Mimen flicht die Nachwelt keine Kränze". Die Mitwelt tut ihm den Gefallen, für den Augenblick seine Leistung mit dem Werk zu verwechseln, in dessen Dienst er seine Kunst stellt; sie jubelt ihm zu, sie trägt ihn auf Händen, sie feiert den nachschaffenden Künstler so frenetisch, daß für den schaffenden kein Raum bleibt. Vielleicht war die Furcht Bizets unbegründet. Jedenfalls fühlte er sich der nachschaffenden Muse nur in freier, der schaffenden aber in legitimer Ehe verbunden. Als starke Individualität verschmäht er es sogar, in Privatstunden zu dem Niveau der Armen am Geiste herabzusteigen. „Je voudrais crever plutôt que de donner des leçons", äußert er zu einem Bekannten. Wer genial schafft, hat ein Recht darauf, in Stunden der Muße genial zu faulenzen. Diese Wohltätigkeit gegen sich selbst, die für das Schaffen so fruchtbar werden kann, ist jedenfalls der entnervenden Wohltätigkeit gegen strebsame musikalische Handwerker vorzuziehen. Wenn nur das liebe Geld nicht wäre. Bizet mußte in der Zeit, wo die Verhältnisse sich gegen ihn verschworen, in diesen unsicheren Hafen flüchten; er mußte, als in ihm bereits allerhand Opernideen keimten und reiften, die Popularität anderer bekannter Kollegen in Apoll durch Transkriptionen zu fördern streben. Er meisterte alle die Mittel der Dekoration, mit denen man populäre Motive zu delikaten Blendern der oberen Zehntausend aufputzen konnte. Die Früchte dieser Tätigkeit, über die er innerlich bereits hinausgewachsen war, wurden in einem Sammelwerk: „Le Pianiste Chanteur" niedergelegt. Wollte er selbst nicht als Virtuose blenden, was ihm so leicht geworden wäre, so gab er wenigstens den andern die härtesten Nüsse zu knacken. Wie aber sah es in dieser Zeit der Selbstverleugnung in ihm aus? Hatte er keinen Anlaß, sich auf der Bühne zu betätigen? War denn in keiner Weise für einen jungen armen Musiker gesorgt, war denn nichts getan, um ihn nach seiner Rückkehr von Rom nicht aus allen Himmeln fallen zu lassen? Gewiß. Aber nur recht lange gedulden mußte er sich; inzwischen konnte er wohl Hungers sterben. — Wir haben gesehen, in welcher Weise Bizet dieser Möglichkeit vorbeugte. Er benutzte aber die karge Mußezeit zur Vollendung eines Einakters, der an der Opéra Comique in Szene gehen sollte. Von dieser Oper „La Guzla de l'Emir", zu der ihm Michel Carré den Text geliefert hatte, bleibt uns nichts als der Titel. Sie wurde nämlich als hastiges Notprodukt, das dem Ehrgeiz des Komponisten in keiner Weise genügte, zurückgezogen, als durch die Freigebigkeit des verabschiedeten Ministers Grafen Walewski Carvalho, der Direktor des Théâtre Lyrique, in den Stand gesetzt wurde, junge Talente zu fördern. Sein Blick fiel auf Bizet. Er erhielt den Text: „Les Pêcheurs de Perles", als dessen Verfasser Michel Carré und Cormon zeichneten.

Er bekennt Farbe.

Wer denkt heute an die „Perlenfischer"? Es gibt Leute, die sie in einmal gesehen und dann aus ihren musikalischen Erinnerungen ausgeschaltet haben: sie wurden auch in Deutschland aufgeführt, um nach kurzer Zeit von der Bildfläche zu verschwinden. Man denkt an die „Perlenfischer" als an einen schlechten „Verdi". Heutzutage gibt es viele Leute, die auch einen guten Verdi nicht mehr vertragen können, weil Wagner sie völlig mit Beschlag belegt hat. Sie lassen „Carmen" eben nur noch gelten. Wer aber die echte Liebe zu „Carmen" im Herzen trägt, eine Liebe, die sich auf ein wahres Verständnis ihrer verblüffenden Vorzüge gründet; wird auch in diesem unvollkommenen Frühwerke die Keime des späteren Meisterwerkes erkennen und lieben. Unvollkommen sind die „Perlenfischer" schon deshalb, weil ein geradezu unmöglicher dritter Akt dem Komponisten die Hände band. Aber zum erstenmal erscheint hier Bizet als bewußter Vertreter der Exotik in der Musik. Diese Exotik kann ein gefährliches Spielzeug werden. Nichts leichter, als gewisse Effekte der orientalischen Musik nachzuahmen. Je weniger jemand an Individualität zu verausgaben hat, desto eher wird er zu solchen Nachahmungen greifen. Er kann dann mit Hilfe dieses Lokalkolorits, das er als geschickter Taschenspieler verwendet, Eigenart heucheln; er bringt allerhöchstens Pikanterien zuwege, die wie Leckerbissen den Gaumen kitzeln, aber allzu reichlich genossen, ein Mißbehagen hervorrufen. Ganz abgesehen davon, daß auf diesem Wege eine echte Lyrik nicht zustande kommt; man bleibt ein

objektiver, kühler Beobachter, bestenfalls ein raffinierter Könner.
Es ist kein Zufall, daß die Franzosen für die Erotik eine be=
sondere Vorliebe haben. Ihr Nationalcharakter macht die Lyrik
zu etwas Sekundärem, das nicht überzeugend wirkt. So durfte
ein Félicien David mit seiner „Lala Roukh" und seinem „Désert"
großer und langjähriger Erfolge sicher sein, und Délibes' „Lakmé"
hält „Carmen" an Popularität in Frankreich ziemlich die Wage.
Und doch ist Bizet in diesem Zusammenhange kaum zu nennen.
Wie Bellaigne richtig sagt, stellt die Erotik bei Bizet nur den
Rahmen, bei David aber das Bild selbst dar.

Wir konnten schon während Bizets Aufenthalt in Italien be=
obachten, mit welchem Heißhunger der junge Mann alle die un=
gewohnten Eindrücke in sich aufnahm, wie alles, was er sah, sich
in ihm zu einem künstlerischen Erlebnis wandelte. Sein poetischer
Sinn atmete sehnsüchtig die fremden Parfüms ein: an Rossini
und an Verdi war sein Bühnentalent erstarkt; seine Erziehung
im Geiste der „musique savante" hatte ihn gelehrt, die Feder mit
unbedingter Sicherheit zu führen. So durfte die neugewonnene
Vorliebe für exotische Farben, die ja doch auch in den Werken
des von ihm verehrten Verdi hier und da aufleuchteten, sich an
einem größeren Werke versuchen. Wo solche Errungenschaften
sich der Erotik vermählten, war die Gefahr der Oberflächlichkeit
gebannt. Und hätten die Textdichter in der Entwicklung der
Handlung sich ebenso fortschrittlich erwiesen wie der Komponist,
der genug Bühnenblut besaß, um vom Malerischen zum Dra=
matischen aufzusteigen, die „Perlenfischer" müßten die Verwandt=
schaft mit Félicien Davids Opern ablehnen.

Nun aber muß der junge Meister es sich gefallen lassen, daß ihm, wenn auch nicht wörtliche Reminiszenzen, so doch die Reminiszenz des zeugenden Gedankens bei Félicien David vorgeworfen wird. „Warum", so könnte man fragen, „lehnte Bizet, der doch seinen literarischen Geschmack von Kindheit auf gepflegt hatte, einen Text nicht ab, der ihm verbot, dramatisch fließend zu schreiben?" Die Frage erledigt sich schon darum, weil eine Wahl damals nicht gut möglich war. Bizet mußte froh sein, daß er mit einem Schlage aufhören sollte, als etwas mehr denn einer von den zahlreichen Jüngern in Apoll zu gelten, deren Lage keine beneidenswerte war. Und dann: er sah in diesem Texte exotische Farbe, er sah poetische Stimmungen. War denn Exotik nicht bereits Realismus?

Er hatte auch gar nicht die Absicht, mit der Tradition zu brechen, die in der Aneinanderreihung wirksamer Nummern das Alleinseligmachende sah. Galt es nicht, in erster Linie Künstler für ihre Aufgabe zu gewinnen, Primadonneneitelkeit zu befriedigen? War so nicht am besten für den Erfolg gesorgt? Freilich, hätte ein Bruch mit jeder Tradition seiner damaligen künstlerischen Überzeugung entsprochen, so wäre nichts in der Welt imstande gewesen, ihn von seinem Wege abzubringen. Aber noch glaubte er, der harmonisch gewachsen war, an die älteren Meister anknüpfen zu können, die ihr Schaffen der Wirklichkeit des Bühnenlebens und den Bedürfnissen der Darsteller anpaßten. Was er innerlich gewonnen hatte, meinte er in diesen Rahmen mit Leichtigkeit fügen zu können.

In den „Perlenfischern" spendet eine Priesterin Leïla die Gaben der Religion und der Liebe. Die Liebe durfte sie spenden, als sie noch frei in Indien lebte. Dort hatten Nadir und Zurga, in innigster Freundschaft verbunden, ihre wunderbare Schönheit auf sich wirken lassen. Eifersucht entbrennt und droht sie zu entzweien. Freundschaft aber führt sie hinweg, nachdem beide durch Eidschwur sich verpflichtet, der Unbekannten nie nachzuforschen. Die Freunde trennen sich wieder; Zurga, um in der Heimat Ceylon der Perlenfischerei obzuliegen, Nadir, um als Jäger sein Nomadenleben weiterzuführen. Das ist die Vorgeschichte.

In der Oper tritt Leïla als tragisches Motiv auf. Man hat sie, nicht ahnend, welcher Konflikt damit heraufbeschworen würde, nach Ceylon als Priesterin berufen: dort soll sie die Meeresgeister beschwichtigen, die den Perlenfischern ihre Beute mißgönnen und ihr Geschäft mit wilden Stürmen zu vereiteln trachten. Nur eine „reine Jungfrau" kann das Machtwort sprechen — Nadir ist Leïla wieder begegnet, und um beide ist es geschehen. Zurga, der Häuptling seines Stammes, erkennt die eidbrüchige Priesterin und den treulosen Freund, deren Verbrechen über sie alle Unheil bringt. Dieser Gedanke und die Eifersucht, die wiederum in ihm emporlodert, läßt ihn über beide das Todesurteil sprechen. Aber tragikomischer Weise erinnert ihn ein Schmuckstück, das er Leïla einst als Lohn für die Errettung aus Feindeshänden geschenkt, an die Pflicht der Dankbarkeit. Und er lenkt seine Stammesgenossen von dem bereits errichteten Scheiterhaufen ab, indem er ihre Hütten anzündet. Die Liebenden entfliehen; Zurga aber büßt seinen Verrat mit dem Tode.

Man sieht auf den ersten Blick, daß diese Handlung sich heutzutage kaum ohne eine gewisse Ironie erzählen läßt. Sie ist schablonenhaft in der Führung, kindlich in der Lösung.

Bizet sagt einmal: ce n'est pas au musicien à mutiler le poète. So hoch schätzt er den Dichter. Hier verstümmelt der Dichter, wie es nur zu oft der Fall ist, den Musiker. Und doch war es Bizet möglich, einen ersten Akt zu komponieren, der von Anfang bis zu Ende in Spannung erhält, in den beiden folgenden die interessanten Nummern so zu häufen, daß der moderne musikalische Zuhörer die Lücken in der Entwicklung kaum mehr empfindet als in den populären Werken der Italiener, die man sich rein musikalisch zu genießen gewöhnt hat. Der Musiker aber, und zwar der moderne Musiker, wird recht oft volle Befriedigung finden. Gewiß, Bizet ist es hier noch nicht gelungen, das Ererbte und das Erworbene in vollen Einklang zu bringen. Noch machen sich, während das Orchester sich in den kühnsten Wendungen ergeht, konventionell französische und Verdische Einflüsse in den Arien geltend. Aber üppig fließt der Quell melodischer Erfindung, und in der Begleitung des Sologesanges kündigt sich der klare Kolorist an, der in „Carmen" auch die Widerstrebenden niederzwingt.

Bizet bekennt vom ersten Takt an Farbe. Mit einem kurzen Vorspiel im Dreivierteltakt legt er den Rahmen fest. Er läßt das Meer sprechen; wir hören sein Murmeln, wir begreifen die Sehnsucht, die das Herz des jungen Träumers zu ihm zieht; wir leben mit ihm an dem fernen Gestade. Und wie der Rahmen festgelegt ist, erklingt der farbige Orient in den seltsamen Intervallen des einleitenden Chores und Tanzes. Das Motiv, das ein fremdes Gewand leicht beengt, wächst über seine malerische Umgebung hinaus, in immer veränderter Gestalt tritt es auf, und wenn der Gesang der Fischer schweigt und der Tanz von neuem anhebt, treibt es neue Zweige in Es-dur, bis allmählich der Reigen der Motive vollendet ist und Ende an Anfang natürlich anknüpft. Der Reigen der Motive, das Gestade des Meeres, die gigantischen Kakteen, die verfallene Pagode, die tanzenden, singenden, trinkenden Fischer, sie alle bemächtigen sich unserer Sinne und bereiten den Boden für das, was sich abspielt. Nicht oft wieder wird Bizet in den „Perlenfischern" diese Geschlossenheit der Wirkung erreichen, denn nicht oft wird er so ungehindert schaffen und bilden können. Doch die Nummern fordern ihr Recht. Sie hindern im ersten Akt nicht den Fluß. Zwanglos schmiegen sie sich den Geschehnissen auf der Bühne an. Plötzlich halten wir inne. Ist das nicht das Unheilsmotiv in „Carmen", das Nadir, der Jäger, uns nichtsahnend verrät? „Wenn im Wald ich wagte kühn mein Blut und mich bei Tag und Nacht Gefahr bedroht." Dieses Motiv, das hier noch ruhig und sorglos über einem harmlosen Text dahinschwebend sich zu einer Melodie dehnt, wird in „Carmen" bereits auf ein Dasein voll Leiden zurückschauen. Es wird, in seinen Noten und Intervallen kaum verändert, im Lapidarstil als echt tragisches Motiv erscheinen und Zeugnis ablegen für den Fortschritt im Realismus, den sein Erzeuger gemacht hat. Aber die Voreinnerung an „Carmen" wird uns auch in lyrischen Partien überraschen.

Ein Duett zwischen Zurga und Nadir erhebt uns in die Sphäre der reinen, der reinsten Melodie; fordert schon die Führung der

Die Perlenfischer.

Romanze.

Stimmen die größte Hochachtung vor dem werdenden Meister heraus, so zwingt uns vollends die geheimnisvolle Begleitung der Harfen in ihren Bann: dieses Duett sollte später, wenn auch nicht viel später, da die sterbliche Hülle Bizets beigesetzt wurde, in der Bearbeitung von Ernest Guiraud als „Pie Jesu" eine besondere Bedeutung erlangen.

In diesem ersten Akt, der sich fast lückenlos entwickelt, werden wir kaum auf eine unbedeutende Nummer stoßen. Ein anmutiger Chor (in A-dur) begrüßt Leïla, wir hören den dreimaligen Schwur, der ihr die Keuschheit auferlegt; den Hymnus an Brahma, dem man Größe und Erhabenheit nicht absprechen kann. Über dem Violoncell und dem Englischhorn baut sich die Romanze Nadirs auf: „Mir träumt von jener Zeit"; eine leise Melancholie durchwebt sie, und dem Tenor Morini rühmt man nach, daß der Schmelz seiner Stimme aus der Weichheit der Melodie den köstlichsten Duft sog. Die Barken der Fischer entfernen sich; hinter der Szene erklingt der Chor: „Der Himmel ist blau"; das Bild atmet feierliche Erhabenheit; Natur, Religion, Orient wirken ihren Zauber. Da steht sie, die Priesterin Leïla, auf der Höhe des Felsens und beginnt ihren Gesang an Brahma, während die Fakire, zu ihren Füßen kauernd, von einem seltsamen Dreivierteltakt begleitet, Zweige und trockene Kräuter entzünden. Leïlas Gesang, in der Farbe orientalisch, gemahnt uns, mit den Verzierungen, zu denen er sich erweitert, an manche Schwester, vor allem an Lakmé. Derselben Familie entstammt die reizende Serenade des Nadir. In dieser großen einsamen Natur, in der nur die Priesterin Leïla wachend von ihm träumte, hat er den Weg zu der Geliebten gefunden. Aber bei Nadirs Serenade, deren wechselnde Rhythmen die Harfe in geheimnisvollen Akkorden begleitet, müssen wir einen Augenblick bewundernd verweilen; eine ganze Welt liegt in ihr. Doch schon hat inmitten des orientalischen Zaubers ein anderer Ton unser Ohr erreicht: dem Munde Leïlas, die, als Priesterin entthront, ihr Herz menschlichster Liebe erschlossen, entströmt die Cantilene nicht minder warm als der späteren Micaëla. Nicht jeder könnte den Schritt von exotischer Pikanterie oder Poesie zur Lyrik ungestraft tun. Die Lyrik Bizets in den „Perlenfischern" deutet zweifellos auf italienische Vorbilder. Sie ist in der sorglosen Art, wie sie Sequenzen aneinanderreiht, oft nicht frei von einer leichten Banalität; die akkordliche Begleitung, die in solchen Fällen der reinen Melodie den Weg zum Ohr und zum Herzen ebnen soll, spricht gleichfalls für die Abhängigkeit, die ein ursprüngliches Empfinden nicht ausschließt. Ein Duett Zurgas und Leïlas im letzten Akt wird noch einmal diesen Mangel an Originalität zeigen; in den zu diesem Duett überleitenden Takten jedoch, die die vorgehaltene Dissonanz zwanglos verwenden, wird der moderne Musiker sich kurz, aber eindringlich äußern. Und der junge Bizet hat im Finale des zweiten Aktes den Bühneninstinkt bewährt, den wir schon an dem jüngeren Bizet des „Don Procopio" mit Staunen feststellten.

Der letzte Akt, der in Bilder zerfällt, zwang den Komponisten zu losen Nummern. Diese Nummern wirken, wie gleich die instrumentale Einleitung im Allabreve-Takt, in Rhythmus, Farbe, Aufbau geradezu zündend; hier zwingt sich uns wirklich der Eindruck von etwas absolut Neuem auf. Auf solche Seiten der

Die Perlenfischer.
II. Akt.
Lied.

Partitur beriefen sich die oberflächlichen Kritiker, die aus ihrer Unkenntnis Wagners heraus dem jungen, nach aparten Wirkungen strebenden Musiker einen Knüppel zwischen die Beine werfen wollten; solchen Seiten werden wir, wenn auch selten so konzentriert in der Wirkung, in der Partitur der „Perlenfischer" nicht selten begegnen. Aber was half es? Der Textdichter versagt, das Drama stockt, und das letzte Bild, dessen Chor und Tanz im $^6/_8$ Takt uns den Bizet der Exotik in blendendstem Lichte zeigen, ist nicht imstande, uns völlig über die Lücken zu trösten.

Nun wäre es verfehlt zu leugnen, daß Bizet zu jener Zeit die Exotik, die bereits üppige Blüten in ihm trieb, die Lyrik, die langsam an Vorbildern sich emporrankte, seine Fähigkeit, poetische Stimmungen musikalisch auszuschöpfen, sein polyphones und instrumentales Können noch nicht im Dienste des Bühnenrealismus zu völliger Einheit zu verschmelzen verstand. Aber wieviele musikalische Bühnenwerke vertragen diesen strengen Maßstab? Und jetzt, in einer Zeit, die das Dekorative, Szenische in ungeahnter Weise fortentwickelt hat, lohnte es wahrhaftig, auch zu den vergessenen „Perlenfischern" zu greifen. Eine wirksame Inszenierung, die uns den farbigen Orient stimmungsvoll ahnen ließe, würde in die Bresche treten, wo der Musiker, vom Textdichter eingeengt, sich nicht aussprechen konnte, oder wo er selbst noch nicht völlig reif erscheint.

Das Werk fand bei seiner ersten Aufführung — am 30. September 1863 — die beifällige Aufnahme, die hinterher nur von Berlioz in den „Débats" unter sachgemäßer Begründung bestätigt wurde. Dieser Premierenerfolg konnte es nicht zu einem Repertoirestück machen. Berlioz sagt: „La partition de cet opéra a obtenu un véritabla succès; elle contient un nombre considérable de beaux morceaus expressifs, pleins de feu et d'un riche coloris." Kein Wunder, daß Bizet in dem Meister der Instrumentalmusik ein warmes Herz entgegenschlug.

Gallet, ein Freund und späterer Textdichter Bizets, schildert den Eindruck, der zugleich seine erste Erinnerung an den Meister ist, folgendermaßen: „Ich habe Georges Bizet zum ersten Male am Abend der Erstaufführung der „Perlenfischer", am 30. September 1863, gesehen. Er war fünfundzwanzig Jahre alt; das Werk hatte vielen Beifall gefunden, und zu wiederholten Malen mußte der junge Komponist mit den Künstlern erscheinen. Ich erinnere mich noch sehr deutlich, wie er von den Darstellern Ismaël, Morini und Mademoiselle de Maësen hervorgezogen wurde, wie er ein wenig verlegen, mit gesenktem Haupte dastand, so daß man eigentlich zuerst nur das dichte, blonde, gescheitelte Haar sah. Es umrahmte ein volles Gesicht, das mir noch kindlich erschien und von dem sprühenden Feuer der Augen belebt war. Diese irrten verwirrt im Saale umher."

Menschen von Fleisch und Blut.

Bei den „Perlenfischern" mußten wir länger verweilen; von ihnen führt der gerade Weg zu „Carmen". Indes, das Malerische, das Poetische überwog; nun galt es, Menschen von Fleisch und Blut auf die Bühne zu stellen. Der Weg führte wiederum über Verdi. Die Beschäftigung mit ihm fand ihren Niederschlag in der Partitur zu „Iwan le Terrible", die er in weiser Erkenntnis der Abhängigkeit verbrannte. Aber wiederum pochte die Not an seine Tür. Wiederum mußte er zu Arbeiten flüchten, die ihn unbefriedigt ließen: er schreibt sechs Melodien für Hengel; hier darf er wenigstens poetisch sein. Er schreibt Tanzmusik, und dagegen bäumt sich sein Inneres auf. In einem Brief an Galabert klagt er: „Ich habe seit drei Nächten nicht geschlafen und neige zur Trübsal; und morgen muß ich doch lustige Tanzmusik schreiben." Allmählich waren ihm die Augen über die Misere des Künstlerlebens aufgegangen. „Heutzutage", sagt er, „braucht man als Musiker eine unabhängige, gesicherte Stellung oder ein wirkliches diplomatisches Talent . . ." Dabei birgt er im Innersten die Sehnsucht, ein symphonisches Werk zu schaffen; er arbeitet an einer Symphonie, die er später „Souvenirs de Rome" betitelte. Wir wissen ja, daß der Musiker Bizet, der in Bach lebte, in der Oper nicht sein letztes Wort sprechen sollte. Aber er hatte einen Kontrakt, von Herrn von St. Georges unterzeichnet, in der Tasche, mit einer vieraktigen Oper „La Jolie Fille de Perth" von St. Georges und Adenis wollte er das Glück auf den Brettern von neuem versuchen.

„Menschen von Fleisch und Blut!" rief es in ihm. Galabert erzählt, wie er über den Charakter seiner Personen nachdachte, wie sehr er sich bemühte, die Musik immer der dramatischen Situation anzupassen. „La rêverie, le vague, le spleen, le découragement, le dégoût doivent être exprimés comme les autres sentiments par des moyens solides. Il faut toujours que ce soit fait."

In dem „Mädchen von Perth" suchte er Menschen von Fleisch

und Blut zu schaffen. Und in demselben Maße, wie bei angestrengter Arbeit die Personen unter den Händen feste Gestalt gewannen, trat die Farbe in den Hintergrund. Es galt noch einmal die Eigenart zu überwinden, um sie in neuer Form zurückzuerobern. Von dem exotischen Bizet erzählt die Partitur des „Mädchens von Perth" nur auf wenigen Seiten. Auch hier ahnen wir in der bunten Fülle, die sie zwanglos und mit sicherer Hand vor unseren Augen umherwirbeln läßt, eine Seite der „Carmen"-Partitur, aber jene Seite, die wir als selbstverständlich hinnehmen. So ist der Fortschritt in der musikalischen Technik offenbar; aber der echte Bizet zwingt sich zur Demut.

Dem „Hübschen Mädchen von Perth" ist es noch schlimmer ergangen als den „Perlenfischern". Zwar erlebte sie in Paris 21 Vorstellungen, während es ihre Vorgängerin nur auf 18 gebracht hatte. Dafür aber hatte sie sich ihrer besten Eigenschaften zu entäußern und sie in den Dienst bedeutenderer Nachfolgerinnen zu stellen. So verlor sie die reizende „Danse bohémienne" an den letzten Akt von „Carmen", in der sie — nicht nach dem Willen ihres Komponisten — verdrossen dahinvegetierte. Das Menuett-Entreakt, ein reizendes, wenn auch Mozart nachempfundenes Stücklein, mußte sie der „Arlésienne" abgeben. Als sich schließlich nach der Ausgrabung des „Don Procopio" zeigte, daß schon Odoardo Bettina dort in derselben Serenade seine Liebe gesungen hatte, die wir als unveräußerlichen, unumstrittenen Besitz des Waffenschmiedes Harry Smith ansahen, da war es um die selbständige Existenz der „Jolie Fille de Perth" geschehen. Wenn also Bellaigue, ohne den „Don Procopio" zu kennen, die

Serenade des Nadir in den „Perlenfischern" mit der des Smith im „Mädchen von Perth" vergleicht und Betrachtungen darüber anstellt, wie Bizet mit feinem poetischem Sinn hier anders singen läßt als dort, so wird man diese Betrachtungen nicht zu schwer nehmen dürfen. In der Tat gleichen die Serenaden sich oft, weil die Liebesabenteuer sich gleichen.

Es mag überhaupt auf den Realismus Bizetscher Opern ein ungünstiges Licht werfen, daß man einzelne Stücke ohne Schaden für die dramatische Entwicklung in eine andere Umgebung verpflanzen konnte. Aber Bizetscher Realismus bedeutet nicht Einheit von Wort und Ton. Und überdies hat man im Falle der „Danse bohémienne" sehr eigenmächtig gehandelt.

Ist es nötig, die Geschichte der „Jolie Fille de Perth" zu erzählen? Sie ist dem gleichnamigen Romane Walter Scotts entnommen und beschäftigt sich mit der Liebe des Waffenschmiedes Harry Smith zu Catharina Glover, der Tochter Meister Glovers. Der Herzog von Rothsay sucht, wie das Herzöge nur zu oft tun, diese Liebe zu durchkreuzen. Er gerät mit Smith in einen Streit, dessen blutigen Ausgang die junge Zigeunerin Mab verhindert. Sie macht hierdurch Catharina eifersüchtig, die eine ihr von Harry geschenkte goldene Rose zornig wegwirft. Die Zigeunerin Mab hebt sie unbemerkt auf, um sie bei günstiger Gelegenheit zu verwenden. Diese Gelegenheit findet sich bald. Der Herzog will Catharina ins Schloß entführen und fordert im bunten Karnevalstreiben auf dem Marktplatz von Perth von Mab die Vermittlung hierzu. Mab läßt sich als angebliche Catharina maskiert in einer Sänfte ins Schloß tragen. Im Ballsaal erscheint auch

Catharina und muß Smith ihre Treue anzweifeln hören. Die Zweifel ihres Bräutigams werden zur Gewißheit, als er die goldene Rose bei dem Herzog erblickt. Catharina, von Smith schnöde zurückgestoßen, wird ohnmächtig. Arbeiter nehmen Partei für die Unschuldige; Ralph will zum Zweikampf mit ihm schreiten. Der nun ziemlich allgemein angenommene Schluß der Oper schlägt aller Vernunft ins Gesicht. Catharina wird wahnsinnig, um eine Wahnsinnsarie zu singen und schließlich auf Umwegen zu heilen und geheilt zu werden. Ihre Heilung vom Wahnsinn kommt dadurch zustande, daß die Zigeunerin Mab in Catharinas Kostüm von Smith mit der bekannten, für Catharina bestimmten Serenade beglückt wird. Die Wahnsinnige wird durch den Widersinn dieser Szene vernünftig. Hanslick meint in seiner Besprechung der Oper (bei ihrer Erstaufführung in Wien 1883), es sei kein Kompliment für uns, daß man eigens für Deutschland einen unsinnigen Schluß fabriziert habe. Im Original nämlich spricht der Herzog von Rothsay, der hier gar nicht mehr erscheint, das entscheidende Wort und verhindert das Duell zwischen Ralph und Smith. Uns zum Trost haben die Franzosen den sinnlosen Schluß gleichfalls angenommen. Er ist aber durch die Nichtaufführung der Oper vollkommen unschädlich gemacht.

So ist denn aus dem Roman Walter Scotts, der uns Charaktere zeigt, ein schlechter Operntext geworden. Ganz schuldlos an dem Schluß wird Bizet wohl nicht sein. Denn eine dankbare Koloraturarie zu schreiben galt ihm damals noch nicht für verwerflich. Er hing noch zu sehr an italienischen Vorbildern. Hier, wo er der exotischen Farbe, seinem Lebenselement, entsagt, um nur dramatisch zu werden, schwimmt er mehr denn je im italienischen Fahrwasser. Hier hat es ihm namentlich der „Rigoletto" angetan. Kein Wunder. Hier wie dort ein Herzog als Mädchenjäger, hier wie dort Entführung. So überrascht uns gleich in dem Schmiedechor des ersten Aktes eine Schlußkadenz, die wir aus dem berühmten Quartett bereits kennen. Solche Reminiszenzen, die sich ohne jede Mühe darbieten, ließen sich beliebig vermehren. Bizet befand sich auf schwankendem Boden, weil er nicht er selbst sein konnte. Und doch hielt er die Partitur der „Jolie Fille de Perth" für eine „belle chose". Er setzt aber bescheiden hinzu, daß er nur dem Freunde gegenüber, der ihn genau kennt, eine solche Ansicht ausspreche. Dieser Freund ist Galabert: ihm schickte er im Jahre 1866 den ersten Akt, dessen Musik er beendet hatte. Zwei darin enthaltene Nummern hat er später beseitigt. Von dem Quartett im ersten Akt verspricht er sich die bedeutendste Wirkung. Er hätte nicht unrecht, wenn nicht gerade dieses Quartett eine unangenehme Rigolettoreminiszenz zeigte. Aber es ist nützlich, die Meinung des Komponisten mit der unserigen zu vergleichen. Hier nämlich ist er als Musiker stolz darauf, daß es ihm gelungen ist, die vier Stimmen in zwanglosen Wettbewerb treten zu lassen. Wenn er jedoch dem Duett zwischen Smith und Catharina im ersten Akte die Palme zuerkennt, so müssen wir ihm widersprechen und das Terzett für besser erklären. Bizets Ansicht über den zweiten Akt stimmt seltsam mit der unsrigen zusammen. Dieser zweite Akt mit seiner übermütigen Karnevalsstimmung und mit dem galgenhumoristischen Liede des unglücklichen Liebhabers Ralph verdient zweifellos ein besseres Schicksal als die übrigen. Auch hier kann man zwar an das Vorbild „Rigoletto" denken; aber da echtes dramatisches Leben pulsiert, war die Unkenstimme zum Schweigen gebracht. Der Chor der Nachtrunde ist zweifellos von aparter Wirkung. Aber am apartesten wirkt doch immer die „Danse bohémienne", die auch Bizet als wohlgelungenes Stück hervorhebt. Ihm schloß sich die erste Zuhörerschaft freudig und begeistert an und verlangte es da capo. Dieser Tanz soll hier, wo man ihn so gut brauchen kann, gewürdigt werden. Orientalische Farbe und stets wechselnder Rhythmus vermählen sich; der Viervierteltakt (Andantino molto), der zuerst bedächtig einherschreitet, hastet dem quasi allegretto im lieblichsten H-dur entgegen und schwillt in fieberhafter Erregung an. Ein Intermezzo im $9/8$-Takt bereitet die Wirbelbewegung des Schlusses vor, der aller Melancholie entsagt und in magischem H-dur eitel Lebensfreude kündet. Soviel Saft und Kraft hat man dem „Mädchen von Perth" entzogen, um sie der ungleich kräftigeren und glücklicheren „Carmen" zu schenken.

Im letzten Akt gibt es eine Szene von bestrickendem Reiz. Der Herzog im galanten Tête-à-tête mit der Zigeunerin Mab ergeht sich in zwanglosem Gespräch, während hinter der Szene die liebliche Entreaktsmusik erklingt und Flöte und Geige ihren Zauber entfalten. Es ist wohl kaum nötig zu sagen, daß die pikante Instrumentation, die schon im Vorspiel den Holzbläsern eine neue Rolle zuerteilt, auch in diesem Werk den jungen Bizet auf der Höhe zeigt.

So hat Bizet als Musiker zweifellos allen Grund, auf die

La Jolie Fille de Perth.
DUO

„Jolie Fille de Perth" stolz zu sein. Er ist technisch gewachsen, da er im Dienste eines größeren Werkes Ensembles und Finales mühelos aufbaut und den einzelnen Gestalten dramatisches Leben einhaucht. So wird die Oper als Arbeit der Entwicklung, die mit kühnem Griff brauchbare Elemente auch in der Erfindung heranzieht, in hohem Maße fesseln; die rechte Wirkung auf das Publikum zu üben, wird aber nur dem zweiten Akt gegeben sein, der den Komponisten durch glückliche Situationen inspiriert und seine Eigenart rettet.

Das zweite Bühnenwerk, dessen Aufführung sich lange verzögert hatte, fand eine günstige Beurteilung seitens der Presse. Mr. Weber, der gefürchtete Kritiker des „Temps", weist in seiner ausführlichen Besprechung nach, wie lächerlich es sei, Bizet zum Wagnerianer zu stempeln. „Im dritten Akt", so sagt er, „gibt es Dinge, die Herrn Richard Wagner bis tief nach Cochinchina verjagen würden." Herr Weber, auf dessen sachlich begründetes Urteil Bizet Wert legt, erwähnt auch, ohne viel Aufhebens davon zu machen, die Zugeständnisse an den Geschmack des Publikums und an die Virtuosität gewisser Künstler. Er erhält darauf von Bizet einen Brief, in dem für die Zukunft alle Zugeständnisse abgeschworen werden. „Nein, ebensowenig wie Sie", sagt er, „glaube ich an die falschen Götter." „L'École des flonflons, des roulades, du mensonge, est morte, bien morte! Enterrons-la sans larmes, sans regret, sans émotion et ... en avant!" Er fügt hinzu: „Selbstverständlich soll dieser Brief kein Entgegenkommen von meiner Seite bedeuten, das meines Charakters ebenso unwürdig wäre wie des Ihrigen. Aber ich muß gestehen, daß Ihre Kritik mir gefallen hat; und ich habe das Bedürfnis empfunden, Ihnen das aufrichtig zu sagen." Gewiß ein höchst korrektes Betragen gegenüber der Kritik.

„La Jolie Fille de Perth" war am 26. Dezember 1867, fast ein Jahr nach Übergabe der Partitur an Carvalho, am Théâtre Lyrique in Szene gegangen.

Die erste und letzte Liebe.

Hier, wo die volle Reife des Opernkomponisten Bizet sich ankündigt, und wo er über Entwürfe und Ansätze hinweg drei Meisterwerken zustrebt, sehen wir uns einmal den Bizet der absoluten Musik etwas näher an.

Er schrieb für Gesang, für Klavier, für Orchester: der Musiker, der als echter Franzose die Form hochhielt, der aber über die kleine Form mit seinem früh erworbenen Können zur großen sich erhob, hätte auf allen Gebieten der absoluten Musik dank seiner Persönlichkeit Eigenartiges leisten können. Hier und da glückte es ihm. Aber die Bühne, die den ganzen Mann fordert, ließ ihm nicht viel Zeit zur Beschäftigung mit einem Kunstzweige, der auch unzersplitterte Kraft heischt. Bizet wollte viel, er wollte das Höchste auch hier, und als idealer Künstler hegte er die Liebe zur absoluten Musik von den Tagen an, wo Rom ihm ganz andere Dinge predigte, wo Italien ihm die Sinne umnebelte. Die Ruhe war ihm nicht beschieden. Hastig jagte ein Opernentwurf den andern, eine Tagelöhnerarbeit die andere, und in dieser Sphäre der Ruhelosigkeit konnte die weltfremde, reine Kammer=

La Jolie Fille de Perth.
DANSE BOHÉMIENNE.

und Orchestermusik nicht recht gedeihen. Aber trotz aller Tage=
löhnerarbeit wußte er doch die Chansons, die er hastig niederschrieb,
mit Poesie zu erfüllen, schrieb er Klavierstücke, die, wenn auch
nicht eigentlich persönlich, einen feinen Sinn für die Eigentümlich=
keiten des Instruments verrieten; schuf er eine Symphonie „Souvenirs de Rome" und eine Ouverture „Patrie", die beide, meister=
haft in der Form, teilweise auch eine persönliche Note tragen.

Um in der absoluten Musik Meister zu werden, muß der Fran=
zose zunächst aufhören Franzose zu sein; muß er zu den Deutschen
in die Schule gehen; muß er das in der Schule erworbene Können
seinem Franzosentum vermählen. Dann wird auch er eine neue
Persönlichkeit geworden sein. Dazu bedarf es eines langen, arbeits=
reichen Lebens. Dem armen Bizet zerschnitt die Sorge den Lebens=
faden so früh, daß er den letzten Schritt nicht tun konnte. Aber
als eine außerordentlich reich begabte Natur fand er auch hier
überraschende Ausblicke. Das Können, das in den reinen In=
strumentalsätzen seiner Opern oft Eigenartiges schafft, kommt
schließlich auch der reinen Musik zugute; und so müßig es ist zu
sagen, was geworden wäre, so zutreffend ist es in diesem Falle
auszusprechen, was werden konnte, und wie grausam das alles
durch einen allzufrühen Tod zunichte gemacht wurde.

Als Klavierkomponist und Klavierspieler war Bizet ein großer
Verehrer Stephen Hellers. Ihm widmete er die Variations Chro-
matiques. Sehr oft spricht er von diesen Variations. So mußte
man etwas sehr Eigenartiges erwarten. Aber sie bedeuten nicht
mehr als eine Episode. Das Thema ist durch die Chromatik
ausdruckslos geworden; die Variationen tragen zu sehr der äußer=

lichen Virtuosität von anno dazumal Rechnung, und von einer innerlichen Bereicherung der Form, wie bei Schumann oder Brahms, ist nicht die Rede. Bizet hat viel andere Klaviermusik geschrieben. Die zahlreichen Transkriptionen, die ihm selbst keine Freude machten, rechnen wir nicht hinzu. Aber über seine Lieder ohne Worte läßt sich eher reden. Auch hier werden wir gelegentlich einen französierten Schumann grüßen; aber es sind stimmungsvolle Kabinettstücke, die aus stimmungsvollen Texten geboren werden, diese Chants du Rhin. Auch von Bizets Liedern sind viele in die französischen Konzertsäle gedrungen. Zwei Recueils vereinigen sie. Sie sind echt national und bannen doch die Phrase, weil sie aus echtem Bedürfnis und echter Begabung erwachsen sind. Sie harren fast alle des Sängers, dessen anmutige Kunst sie der deutschen Öffentlichkeit schenkt.

So wären wir denn bei der Symphonie angekommen, die ein langes, schmerzliches Kapitel in dem Leben des Komponisten bildet, zu der er wie zu seiner ersten Liebe immer zurückkehrte. Das Scherzo seiner dritten Romsendung war die Grundlage dazu. Im Scherzo war er zuerst Meister geworden. Im Scherzo wird man am frühesten Meister. Tritt zu der kleinen Form noch eine Begabung für das Pikante hinzu, so darf man einer persönlichen Note sicher sein. Das Scherzo aus der dritten Romsendung hatte im Jahre 1863 unter des wackeren Pasdeloups Leitung mehrere Aufführungen mit wechselndem Erfolge erlebt. An diesem Scherzo brauchte er nichts oder fast gar nichts zu ändern. Nach und nach fanden sich die andern Sätze hinzu. Bald setzte er Überschriften über die einzelnen Teile dieser Symphonie, die er Souvenirs de

Rome, Fantasie Symphonique betitelt. So wird auch äußerlich die holde Jugenderinnerung festgehalten. Man könnte nun an eine Art Programmusik denken, zu der Bizet sich damit bekannte. Aber davon hielt ihn schon die Wertschätzung der Form ab. Die Überschriften könnten auch fehlen, und das Verständnis wäre nicht erschwert, weil der zeugende Gedanke aus symphonischem Boden erwachsen war. Nur der letzte Satz, Carnaval à Rome betitelt, spricht für den Koloristen und für den Programmusiker im Rahmen der Form. Außer diesem Satze, dessen frische Munterkeit ganz Bizetsches Gepräge trägt, wird uns in dieser Symphonie oder Suite oder symphonischen Phantasie nicht viel mehr als die Form fesseln. Sogar das Scherzo zeigt in der Erfindung, daß Bizet, wenn es sich um absolute Musik handelt, lieber asketisch auf gewisse, ihm eigentümliche pikante Wendungen verzichtet, um für einen Klassiker oder mindestens für einen Anhänger des Klassizismus zu gelten. Das Andante pendelt in der Erfindung zwischen Mozart und Schumann, und der Schumannsche Geist verläßt ihn auch im Schlußsatz, dem Karneval, nicht, dem er als zweites kurzes Thema den Mittelsatz des Andante schenkt. Man sieht, die Lyrik, für die er ein zartes Empfinden im Herzen trug, löst musikalisch in ihm noch nicht einen eigenen Ton aus.

So wird die Suite „Roma" — als solche hat sie unter den nachgelassenen Werken eine Stelle — mindestens für das Wollen und Streben Bizets ein dauerndes Denkmal bedeuten. Aber in eine Sphäre des Wohlbehagens entrückt uns die aus eines echt französischen Meisters Werkstatt hervorgegangene Suite „Jeux d'Enfants". Auch dieses graziöse Ensemble von fünf Sätzen bleibt für einen großen Bruchteil des deutschen Publikums neu zu entdecken.

Die erste reife Frucht.

Werfen wir einen Blick auf Bizets äußeren Lebensgang. Am 3. Juni 1869 heiratet er die Tochter Geneviève seines einstigen Lehrers, des Komponisten der „Jüdin". Deswegen, und weil die Neigung für exotisches Kolorit in seinen Werken so charakteristisch erscheint, hat man Bizet zu einem Juden gemacht. Das entspricht nicht den Tatsachen.

Bizet war in der Achtung der Pariser Musikkreise gestiegen. So wurde er im Jahre 1870 zum Mitglied der Jury für die Verteilung des Rompreises gewählt. Dann kam der Krieg, dessen Schrecken er als Mensch, weniger als Franzose empfand. „Certes", sagt er in einem Briefe an Ernest Guiraud, „je ne suis pas chauvin, tu le sais; mais j'ai le coeur serré et les larmes aux yeux depuis hier. . . . Pauvre pays! . . . Pauvre armée . . . . . . Inutile de dire que depuis trois jours je n'ai pas même essayé de tracer une note."

Während der Tage der Kommune sucht er in Bésinet Ruhe. Aber die Kanonen erinnern ihn an die Wirklichkeit. „Je vais tout à l'heure au village pour y examiner un piano. Je voudrais essayer de travailler, d'oublier."

Seine Ouverture „Patrie" wird uns zeigen, daß der Krieg auch an dem Künstler Bizet nicht spurlos vorüberging.

Wir stehen vor „Djamileh", der köstlichsten Blüte Bizetscher

Feinkunst. Halten wir das Bild fest, das uns der Textdichter Louis Gallet von dem damaligen Bizet entwirft; er begegnet ihm neun Jahre nach den „Perlenfischern" bei einem der Direktoren der Opéra-Comique, Camille de Locle: „Georges Bizet, obwohl noch sehr jung, war nicht mehr der wohlgenährte junge Mann, den wir bei der Erstaufführung der „Perlenfischer" flüchtig gesehen hatten. Sein Gesicht war sehr mild und fein; er trug einen festen Kneifer; die Lippen waren fast immer zu einem kaum merklichen ironischen Lächeln gekräuselt. Er sprach leise mit etwas pfeifender Stimme und mit der offenen Miene, die ich stets an ihm gesehen habe. Aus allem, was er sagte, sprach jene vornehme Bescheidenheit, die darin besteht, daß man zwar an dem eigenen Wert nicht einen Augenblick zweifelt, aber bedauert, noch nichts besseres geleistet zu haben."

Es war nicht bloßer Zufall, daß Louis Gallet und Georges Bizet an jenem Abend im Hause Camille du Locles nebeneinander saßen. Die Frucht war eben jene zarte, gänzlich moderne Djamileh, mit der der junge Meister die Schwelle der Opéra Comique überschritt.

Diese Djamileh hatte ein merkwürdiges Schicksal. Gallet fand einst in einem alten Buche aus dem 18. Jahrhundert, einer Sammlung von Anekdoten, eine Geschichte, die der „Namouna" von Alfred de Musset sehr ähnlich sah. Von dieser Erinnerung zehrte sein Text, der unter dem Titel „Namouna" zunächst einem sehr talentvollen, aber nicht übermäßig fleißigen Komponisten Duprato zur Komposition übergeben wurde. Nun faulenzte, so erzählt Gallet, dieser liebenswürdige Musiker und beruhigte den Direktor und den Verfasser mit schönen Worten, ohne daß sein Werk auch nur um eine Note fortschritt. Besuchte ich ihn und klopfte sanft bei ihm an, wie weit er damit sei, dann setzte er sich mit großer Würde ans Klavier, spielte einen reizenden Walzer, einen orientalischen Chor und tröstete mich mit dieser Nummer, die die einzige blieb. Schließlich konnte alle Liebenswürdigkeit nicht verhindern, daß die Leitung der „Komischen Oper" ärgerlich wurde und die Ausführung des Werkes einem anderen übertrug. Dieser andere war Georges Bizet.

Die „Opéra Comique" hatte zwei Köpfe und zwei Sinne. Arm in Arm mit Camille du Locle regierte dort Herr de Leuven. Man kann sich keine größeren Gegensätze denken. Herr du Locle trug sich mit reformatorischen Gedanken; er gedachte mit dem üblichen Theater im Theater aufzuräumen und wollte poetisch und zugleich wahr sein; er hatte Reisen durch Egypten gemacht, schwärmte für den Orient und hatte die Namouna in Djamileh umgetauft. Ihm war Bizet, der wegen seiner neuen Ideen schon viel von sich reden gemacht hatte, gerade recht. Anders Herr de Leuven. Er machte den Eindruck eines kalten, in Formen erstarrten Mannes. Aber in ihm schlug ein warmes Herz für Opern wie der „Postillon von Lonjumeau", dessen Verfasser er war. Man kann sich vorstellen, wie ihm zumute wurde, als er die Partitur des Werkes zu Gesicht bekam und alle diese unerhörten Neuerungen, diese echte Leidenschaft auf der bisher von jeder aufregenden Situation verschonten Bühne der Rue Favart in den Proben über sich ergehen lassen mußte. Auch Bizet, der das Publikum dieses Hauses, der dessen Traditionen genau kannte, machte der Gedanke an die Invasion Kopfschmerzen; aber natürlich konnte er an seinen Plänen, an seiner künstlerischen Überzeugung nichts ändern.

Im Grunde ereignet sich in „Djamileh" nicht viel, wenn man Verwicklungen und Lösungen erwartet. Man hat dem Einakter den Vorwurf nicht erspart, daß er nicht bühnenmäßig sei. Als ob den Feinschmecker — und nur für diese konnte ein Werk wie „Djamileh" berechnet sein — ein gut entwickelter seelischer Vorgang nicht mehr in Atem hielte als die schablonenhafte Häufung von Tatsachen, von Verwirrungen und Entwirrungen.

Man höre: der Kalif Harun al Raschid, ein ganz moderner Lebemann, der seine Geliebte allmonatlich wechselt, wird durch die Sklavin Djamileh der wahren Liebe gewonnen. Dieser einfache Vorgang erhält durch die poetische Zartheit, die über „Djamileh" gebreitet ist, durch das orientalische Kolorit, durch wundervolle Stimmungen den Charakter eines Ereignisses. Bizet fühlt sich hier in seinem Element. In den „Perlenfischern" schon hatte ihm der Orient seinen Zauber enthüllt, hatte seiner Harfe Töne entlockt, die nicht mehr typische Exotik waren, sondern durch das Medium seiner Persönlichkeit hindurchgegangen waren. In „Djamileh" wächst der Zauber, wachsen die orientalischen Stimmungen. War dort die Schablone hemmend dazwischen getreten, wo der Tondichter einen hohen Flug hätte nehmen können; hatte dort noch nicht das völlige Vertrauen in die eigene Kraft, in das eigene Können ihn gestützt, so durfte er jetzt stolz sprechen: „J'ai la certitude absolue d'avoir trouvé ma voie". Dieser Weg, den er klar vor sich sah, ist der Weg des modernen Musikers; er ist unerschöpflich in neuen Harmonien, er schafft Charaktere, er wird Realist. Aber die szenische Einfachheit, die Beschränkung auf seelische Vorgänge leiht dem Dichter in ihm Schwingen. Und so wird, da den Mitteln des Ausdrucks ein sicheres Formgefühl, die Gabe melodischer Erfindung die Hand reicht, ein Meisterwerk geboren, zu köstlich vielleicht, um von dem Gros der Theaterbesucher nach seinem vollen Werte geschätzt zu werden.

Wer ein Werk wie die „Djamileh" analysieren will, ist immer in Gefahr, eine Art Tempelentweihung zu begehen. So bezaubernd ist der Duft, den es ausströmt, und so dicht und doch zart weben Träumerei und Poesie ihren Schleier. Ein unvorsichtiges Wort, und der Zauber ist dahin. Tausend Details, die in ihrer Kühnheit einen nüchternen Betrachter überraschen, fügen sich hier zwanglos in den Rahmen. Die Originalität, das Streben, durch unerhörte koloristische Wirkungen die Sprache noch eindringlicher zu gestalten, die in ihrer Absicht sonst leicht verstimmend, mehr befremdend als erwärmend wirkt, wird hier als selbstverständlich empfunden. Heute wenigstens, wo eine über alle Maßen bereicherte Harmonik uns verwöhnt hat. Damals, in dem Frankreich von 1872, wurde, was dem großen, seiner Zeit vorausempfindenden Bizet bereits inneres Erlebnis geworden war, als „musique savante" auf die Straße gezerrt; wurde oft mit der besten Absicht der Schleier hinweggerissen, und „Djamileh" stand fröstelnd da wie hundert andere Opern.

Doch um für ein wenig bekanntes Werk einzutreten, an dem man mit echter Liebe hängt, um etwas Fremdes dem Herzen der Allgemeinheit nahezubringen wie dem eigenen, genügt es nicht, ein bloßer Empfinder zu sein. Lassen wir also Bizets Fortschritt in Worten sein Recht werden, und seien wir auf der Hut.

Und wieder schauen wir, kaum die Musik anhebt, den Orient: aber viel entschiedener, viel kräftiger tritt der Rhythmus auf als in den „Perlenfischern", und viel unbedenklicher und kühner bekennt der Harmoniker Bizet Farbe. Schon im ersten Takt, im Marschmotiv in C-moll peitscht er mit pikanten Gegensätzen die Pedanten und Philister. Orientalische und Bizetsche Farbe verbünden sich gegen die Reaktion; im lieblichen Es-dur bricht eine mildere Stimmung durch, aber trotzig wendet sich der Revolutionär zu dem Motiv zurück; ein Intermezzo in As-dur zeigt uns eine andere Welt mit Chopinschen, leicht dahinrollenden Passagen, aber wieder tritt das C-moll-Motiv finster und drohend auf, um endlich einem ruhiger dahinschreitenden Es-dur Platz zu machen, das sich dehnt und entwickelt. Die ruhigere Stimmung wird hier mit einer farbloseren melodischen Linie erkauft; aber die Begleitung wirkt apart, die Klippe der Banalität ist glücklich umschifft. Wir schreiten dem Schlusse zu. Düsterkeit und Trotz schwinden; aus C-moll ist C-dur geworden; die beiden Hauptthemen, das weibliche und nach langem Widerspruch auch das männliche, bekennen sich zu fröhlicher Entschiedenheit.

Die Ouvertüre, klar im Aufbau, voll reizender Gegensätze, voll wirksamer Steigerungen, ist verklungen. Und Bilder von seltsamer Schönheit treten vor uns: Harun in seinem Palast, seinen Tschibuk rauchend, seinen Phantasien nachhängend, dem Gesange der Nilfischer lauschend; Djamileh, die dem in Träumereien versunkenen geliebten Herrn einen Blick voll Zärtlichkeit zuwirft, um

lautlos zu verschwinden: das alles in die Mildheit der Abend=
dämmerung getaucht; der melancholische Gesang der Fischer, dem
nur die Soprane und das Tamburin einen gewissen Halt geben,
während Tenöre und Bässe mit geschlossenem Munde die Harmo=
nien ergänzen; ein verträumtes Vorsichhinsingen Haruns, vom
Orchester mit Sordino-Triolen begleitet; eine vom Streichorchester
gesungene leidenschaftliche Cantilene bei Djamilehs Erscheinen; und
endlich der Gesang der Nilfischer, der den Rahmen, die Stim=
mung gibt und diese erste Szene voll farbiger, poetischer Schön=
heit nach chromatischen Passagen in G-dur abschließt. Wie ver=
führerisch winkt hier dem Musiker die Aufgabe, noch einmal
rückschauend den Spuren des Harmonikers Bizet zu folgen, der
sich in dieser ersten Szene nur selten für eine Tonalität ent=
scheidet, am liebsten aber ein Halbdunkel über sie breitet, Poesie
und Wirklichkeit mit feinstem Nachempfinden ineinander fließen
läßt! Harun wird mit einigen Liedchen musikalisch gezeichnet;
schmetterlingshafte Grazie, epikureische Lust mit einem leisen Zug
des Bedauerns darüber, daß er von Genuß zu Genuß schmach=
tend doch das rechte Glück nicht findet, sprechen sich gegen Splen=
diano, seinen einstigen Erzieher und jetzigen Verwalter, aus. Der
liebt Djamileh und hindert schon darum seinen Herrn, der Sklavin,
für die eine zartere Neigung in ihm erwacht ist, eine längere
Frist zu gewähren. So ist denn entschieden, daß Djamileh das
Los der anderen teilen und den Palast verlassen wird, um einer
neuen Sklavin den Platz am Herzen Haruns zu gönnen. Man
darf es ihr noch nicht sagen. Aber ein Traum läßt sie das
Schlimmste fürchten. Harun fragt sie, während das Orchester

Aus „Chor und Traum Haruns“.

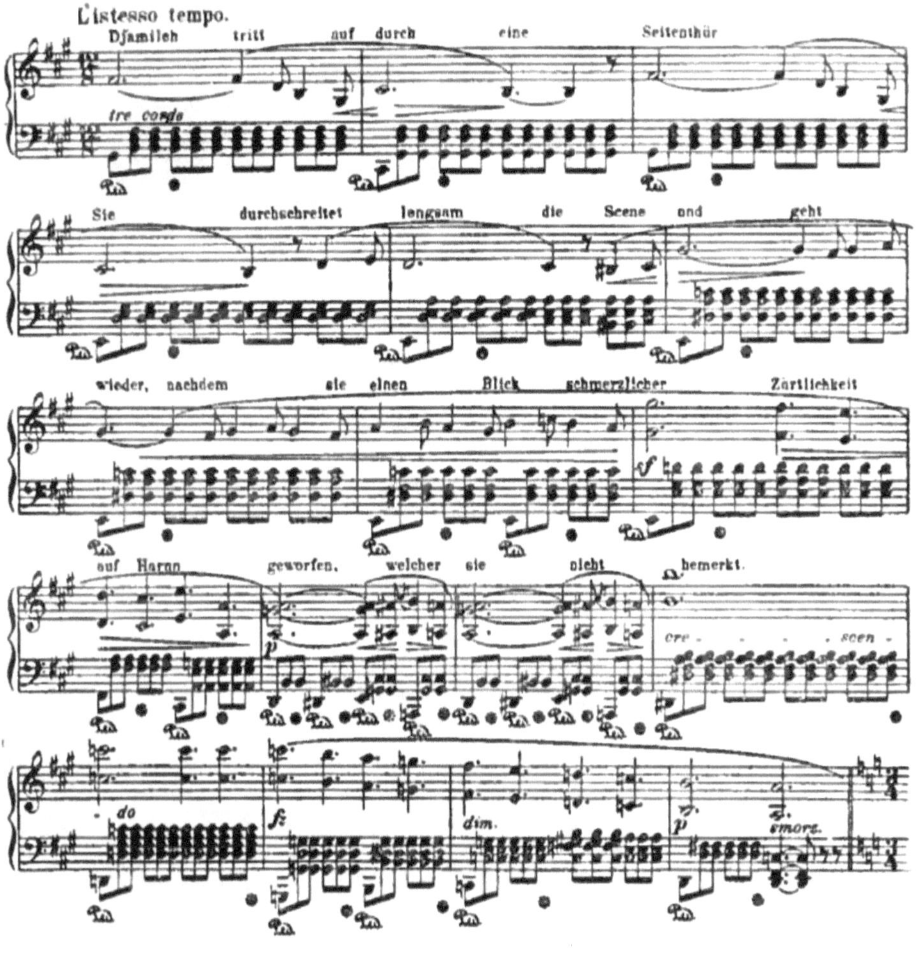

Dialog.
Harun: Wir wollen nicht länger unsere Zeit verlieren.

Abgang des Harun und seiner Freunde.

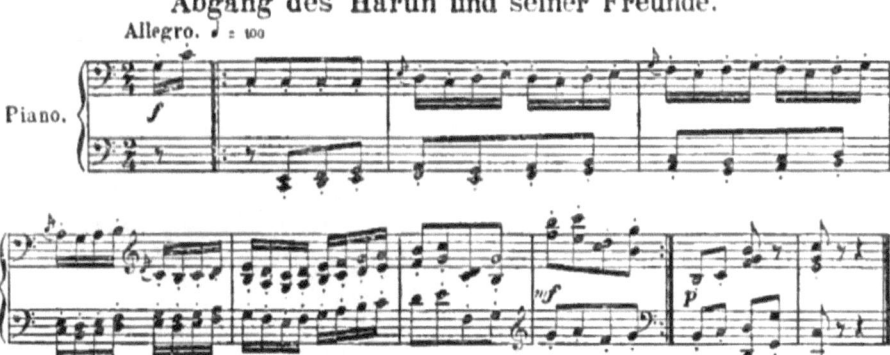

uns in überschwenglichen Schritten seinen Seelenzustand leise verrät, was sie drücke. Sie erzählt ihm den Traum, aber die Qualen der Verlassenheit, die er ihr zeigt, verflüchtigen sich bei dem Anblick des geliebten Herrn, und das schmerzliche F-moll geht in ein lichtes F-dur über. Harun sucht Djamileh über die Angst der Stunde hinwegzutäuschen, läßt Speisen und Wein auftragen; doch die Sklavin ahnt, was vorgeht, sie lehnt den Becher ab, den Harun ihr reicht. So soll sie ihm singen. Schon präludiert sie auf der Laute, und hier horcht der Musiker überrascht auf. Denn das Chroma, das zwanglos zu dem D-moll des orientalischen Ghasels führt, ist Bizets persönlichste Inspiration; und in diesem Sang von Nureddin, dem König von Delhi, dessen Blicke glühende Pfeile sind, der unheilbare Wunden der Liebe schlägt, der das Herz mit süßer Qual erfüllt, in diesem so seltsamen Zweivierteltakt mit dem reizvoll nachempfundenen Lokalkolorit schmeichelt sich uns bei einer vorübergehenden Wendung nach C-dur eine Vorahnung von „Carmen" ins Herz. Wo fände sich überhaupt die Fähigkeit wieder, eine exotische Form so ganz mit den Forderungen der eigenen Persönlichkeit in Einklang zu bringen, sie der höchsten musikalischen Kultur zu gewinnen und ihr doch im Geiste treu zu bleiben!

Harun hat ihres Herzens Weh begriffen, er will sie sanft zur Lebensfreude zurückführen. Ein reizendes Walzerlied vereint Djamileh, Harun und Splendiano, der im Inneren von der Unverbesserlichkeit seines Herrn überzeugt und froher Hoffnung für die eigene Zukunft voll ist. Und es scheint wirklich so; die Komödie, deren Ernst sich Harun nicht eingestehen will, soll aus sein.

Seine Freunde haben sich gemeldet und wollen bis zur Morgenröte dem Spiel mit ihm huldigen. In einem reizenden Kabinettstück, dem Chor der Freunde, dessen Frohsinn sich von aller Frivolität fernhält, wetteifern Rhythmus und Modulation, und in dem leisen Staccatoausklang tritt uns ein Stück persönlichsten Bizets entgegen. Djamileh hat ihr Los erfahren. Sie weiß, daß unter den neuen Sklavinnen ihr Herr eine neue Geliebte wählen wird. Sie klammert sich an Splendiano und verlangt von ihm als Beweis seiner Liebe, er möge sie in der Abenddämmerung in das Gewand der Tänzerin schlüpfen und Haruns Herz noch einmal auf die Probe stellen lassen. Mißlingt der Versuch, so will sie ihm gehören. Splendiano willigt mit Freuden ein. Und nun entringt sich Djamilehs Brust eine rührende Klage. Vielleicht ist es der überschwenglichste Ausdruck von Liebe, sicher eine der schönsten lyrischen Partien, die aus Bizets Feder geflossen. Aber es war auch die kühnste der Kühnheiten, an denen die Djamileh-Partitur so reich ist. An diesem gebrochenen E-dur-Akkord, an der vorgehaltenen, wieder nach E-dur überleitenden Dissonanz, die ihn jäh und schmerzlich unterbricht, stieß sich das schulmäßige Empfinden der Zeit. So kann, was Schmerz, Resignation, höchste Liebesqual in des Schaffenden Seele bedeutet, seinen Zeitgenossen nichts weiter als willkürliche Neuerungssucht und Effekthascherei sein. Hier scheint auch der Vorwurf des Wagnertums plötzlich festen Grund zu gewinnen. Einen Augenblick lang sehen wir in diesem harmonischen Ausdruck der Überschwenglichkeit etwas wie eine Tristanerinnerung vorüberschweben. Aber nur einen Augenblick. Wehrte sich nicht schon die geschlossene Form des

Stückes gegen einen solchen Vorwurf, so muß uns der Blick auf
Vergangenes und Zukünftiges von seiner Haltlosigkeit überzeugen.
Ein Musiker wie Bizet, dessen feiner poetischer Sinn ihn dem
Realismus, der farbigen Ausgestaltung jeder Szene im Rahmen
der Form als seinem höchsten Ziele zustreben ließ, mußte notwendig auf diesem Wege auch zu dieser Wendung gelangen.
Immer neue Ausblicke eröffneten sich ihm, und da er das höchste
Maß einer Leidenschaft, die sich doch bescheiden mußte, in Töne
bannen wollte, tat er den Schritt als den natürlichsten aller
Schritte. So konnte die vorgehaltene Dissonanz bei ihm auch
nicht zum System werden. Aber das Licht, das auf Bizets
Schaffen fällt, erleuchtet auch Wagners unendlich größeren
„Tristan", zeigt uns, wie die psychologische Vertiefung der Charaktere und der Vorgänge gewisse harmonische Neuerungen auch
in verschieden gearteten Geistern notwendig herbeiführen mußte.
Hat doch die häufige Verwendung der Halbschritte, des Chromas,
ihre Quelle in der klareren Erkenntnis der Zwischenstufen, in dem
Zwange, auch der Tonkunst die Nuancen abzugewinnen, die die
klare und präzise Sprache so mühelos hergibt.

Man möge mir verzeihen, wenn ich den zarten Schleier, der
„Djamileh" verhüllt, mit solchen Betrachtungen zerrissen habe.
Sie scheinen mir an dieser Stelle wichtig. Ohnedies schreiten wir
ja der Lösung entgegen. Wir lassen uns noch von dem Melodrama überraschen; wir fühlen uns versucht, in dieser Form, die
er häufiger in Anspruch nimmt, wieder den modernen Musiker
zu betonen. Wir verweilen bei dem originellen Tanz einer Almee
mit Chor, der uns durch seine Farbe entzückt; und wir wohnen

der Schlußszene bei, die uns in dem raschen Wechsel von Empfindungen seelische Aufschlüsse gibt, wie sie uns mit echter Bewunderung für die Meisterschaft Bizets erfüllt.

Und dieses Werk, dem Originalität und Feinheit einen Ehrenplatz unter den Meisterwerken aller Zeiten zuweisen, wurde nach viermaliger Aufführung vom Spielplan der „Opéra Comique" abgesetzt. Nicht etwa nur der Originalität und Feinheit wegen, nicht etwa, weil es auf einen lyrischen Ton gestimmt ist und die Entfaltung und Erlösung zweier Seelen an die Stelle des üblichen Theaters setzte. Nein, vorzugsweise darum, weil die seelischen Werte von der Darstellerin der „Djamileh" nicht begriffen und nicht ausgemünzt wurden. Aline Prelly hieß sie, war eine Frau von plastischer Schönheit. Aber sie steckte gesanglich noch in den Kinderschuhen und begnügte sich damit, als Statue zu wirken. Hier, wo Galli Marié gerade gut genug gewesen wäre und dem Wunsche des Meisters entsprochen hätte.

Camille du Locle war bemüht gewesen, seinem Kompagnon de Leuven und dem alten Regisseur Avocat, der unter dem Namen Victor bekannter war, auch damit ein Schnippchen zu spielen, daß er als feiner Kenner des Orients den Rahmen möglichst echt gestaltete. So lief er in Paris herum, um das Mobiliar und die Stoffe nach Möglichkeit zu vervollständigen. So präsentierte sich alles in spanisch-maurischem Stil, und es fehlte bei dieser Echtheit der Dekoration eben nur die Seele, die das Werk echt empfand. Bizet selbst übernahm am Abend der Erstaufführung, dem 22. Mai 1872, das Amt des Souffleurs, um jeder Entgleisung vorzubeugen. Pünktlich und ruhig erscheint er und nimmt seinen

Sitz gegenüber dem Textdichter Gallet ein. Djamileh, als Sklavin gekleidet, hat dem Wunsche du Locles gemäß einige Takte nach dem Aufgehen des Vorhangs wie eine Vision dahinzuschweben, sich Harun zu nähern und ihm voller Verehrung mit einem Handkuß zu huldigen. Dann entfernt sie sich unbemerkt. Bizet in seinem Souffleurkasten konnte zufrieden sein. Die erste Szene wurde sehr beifällig aufgenommen. Aber in dem Ghasel wurde Djamileh unsicher, übersprang 32 Takte, und nur die Geistesgegenwart des Kapellmeisters Deloffre verhütete das Äußerste. Obgleich alles leidlich ging, war Bizet überzeugt, daß er ein völliges Fiasko erlebt habe.

Die Besprechung durch die Presse bewies das Gegenteil. Bizet konnte in einem Briefe an Edmond Galabert mitteilen, daß noch niemals eine einaktige Oper so ausführlich besprochen worden sei. Natürlich gab es auch die üblichen Oberflächlichkeiten. Wagner, der selbst eine Lücke in den Kenntnissen der Kritiker bedeutete, füllte wieder die Lücke in der sachlichen Kritik aus. Alle waren sich aber darüber klar, daß Bizet in die Schablone nicht hineinpasse. Und da der Franzose die Klarheit liebt, der junge Feuerkopf aber von Modulation zu Modulation führte, dem Geiste keinen Ruhepunkt gönnte, so wurde er trotz seiner formellen Klarheit, die so echt französisch war, fast als antifranzösisch betrachtet. Auch von den Gutgläubigen und Sachverständigen, wie von M. Jouvin, dem damaligen Kritiker des Figaro. Ganz anders und günstiger urteilte Victorin Joncières, dem Wagner bereits die Augen geöffnet hatte. Aber die Worte Ernest Reyers, des Komponisten von Salammbô, des Referenten der „Débats", sollen hier ihre Stelle finden: „Das ist", sagt er, „echte orientalische Musik, wie sie wenigstens die Leute verstanden, die das Land selbst besucht und Erinnerungen von dort heimgebracht haben. Sie ist wahr, nicht weil sie gewisse instrumentale Effekte nachahmt oder eine von der unseren gänzlich verschiedene Tonleiter verwendet, sondern als Begleitung des Bildes, das in unserer Phantasie ersteht ... Ist es denn nicht eine bekannte Tatsache, daß jede Musik mit der klimatischen Veränderung zugleich ihren Zauber, ihre Poesie, ihren Charakter einbüßt? Die Poesie der orientalischen Musik, die Unermeßlichkeit der Wüste oder die Frische der Oase, der Klang, der von den Minarets herübertönt, das Wasser des Flusses, an dem die Kraniche ihren Durst löschen, das Blau des Himmels, die strahlende Sonne, kann uns das alles ein noch so strahlendes Rampenlicht, ein noch so großer Aufwand an bühnentechnischen Mitteln geben? ... Hier, in dem sehr zivilisierten Milieu, in dem wir leben, muß auch euere arabische Musik zivilisiert werden; sie muß die zarteste, die poetischste Form annehmen; wenn ihr unter dem Vorwande der Echtheit und Originalität in Realismus macht, so beleidigt ihr unser Ohr und langweilt uns bis zum Schluß euerer Parodie. Bizet hat sich vor einem so groben Fehler wohl gehütet; er hat all sein Wissen und Können in den Dienst dieses reizenden Einakters gestellt. Und aus diesem Grunde kann ich ihn mit nichts vergleichen, was in dieser Art bisher geschaffen worden ist." Reyer sagt weiter, daß er den Musiker, der im Fortschritt strauchelt, höher schätzt als den, der mit Bequemlichkeit dem Rückschritt huldigt; daß aber Bizet nie straucheln kann, weil er die Geheimnisse seiner Kunst genau kennt, eine Meisterschaft besitzt, deren sich höchstens zwei oder drei der jüngeren Generation rühmen können. Er nennt ihn das Haupt der Jungen. Er glaubt, daß Bizet über den Beifall weniger unabhängiger Musiker mehr erfreut sein wird als über einen großen Erfolg beim Publikum. Man sieht, wie hier die Erkenntnis von Bizets Wert bereits in den klarsten Worten sich ausdrückt, und daß sie nach und nach auch in anderen Köpfen aufzudämmern beginnt. Aber schließlich entscheidet ja der Erfolg beim Publikum darüber, ob ein Werk sich im Repertoire dauernd erhalten soll oder nicht. So ist „Djamileh" in Frankreich fast unbekannt. In dem Lande eines Sardou, im Eldorado des Raffinements, kann einem lyrischen Stück auch eine im besten Sinne dramatische Musik das Los des Vergessenwerdens nicht ersparen. Und es war eine verdienstliche Tat Felix Weingartners, daß er als Opernkapellmeister das reizende Werk zur Aufführung brachte und das Bild Bizets, dessen „Carmen" sich die Herzen erobert hatte, zu vervollständigen trachtete.

Nun sind Jahre dahingegangen. Djamileh mußte sein papiernes Dasein weiterleben. Und wie lohnend wäre es, all die verborgenen Schätze zu heben! Fänden sich Können, Poesie und Seele in den Darstellern und im Dirigenten mit geschmackvoller Ausstattung zusammen, man dürfte des Erfolges gewiß sein.

Ehe wir uns von Djamileh verabschieden, streifen wir ein reizendes Sonett von Saint-Saëns, das dem zarten Geschöpf huldigt und des fetten bourgeois spottet; er nennt Djamileh eine Perle, die vor die Säue geworfen worden ist.

L'Arlésienne, das Melodram der Leidenschaft.

an hat es erlebt: ein Großer unter den Schaffenden Frankreichs sieht mehr als 30 Jahre, nachdem der Parteien Gunst und Haß mit seinem Tode verstummt ist, seine Saat noch nicht zu völliger Reife aufgehen. Ein Meisterwerk schuf er nur für sich, für seine Freunde, für die wenigen, die ihn verstanden. So ist sein Bild immer noch nicht vollständig; und obwohl „Djamileh" Frankreichs Grenzen überschritt und für einige Zeit ein Heim in Deutschland fand, man kennt es auch hier kaum. Überhaupt herrscht bei uns die Meinung, Bizets „Carmen" sei wie ein Meteor aufgetaucht, stelle durch ein rein zufälliges Zusammentreffen günstiger Umstände den Gipfelpunkt in Bizets Schaffen dar, sei durch nichts in der vorangegangenen Entwicklungsperiode des Meisters angedeutet oder auch nur annähernd erreicht. Diese Meinung leistet einer anderen Vorschub: jemand, der nur ein großes Werk geschaffen, kann, so einmütig man ihm auch zujubelt, so freudig auch der Musiker seine musikalische Überlegenheit anerkennt, unter den Größten nicht genannt werden. Daß er, ohne nach schweren Kämpfen auch den Sieg seiner Sache zu erleben, grausam aus dem Leben gerissen wurde, mag ihm ein mitleidsvolles Gedenken sichern. Aber der Skeptiker, der Reputationen auf ihre Berechtigung prüft, wird darin eine neue Stütze für seinen Zweifel sehen, da er zu der Ansicht neigt, daß körperliche und geistige Erschöpfung gleichbedeutend seien. Wer aus

seinem Wirken durch den Tod herausgerissen worden ist, der konnte nach seiner Meinung nichts mehr schaffen. Er folgert es aus der Notwendigkeit alles Geschehens, die wiederum die Folge einer materialistischen Weltanschauung ist.

Aus der Krankheitsgeschichte unserer Meister ließe sich manches lernen, und es wäre leicht, diese strengsten aller Kritiker ad absurdum zu führen, wo eine geistige Erschöpfung sich bei körperlichem Siechtum nicht nachweisen läßt. Aber es ist hier nicht der Ort, einen solchen Nachweis zu führen. Doch Pflicht ist, in dem Schaffen eines Meisters die Allmählichkeit der Entwicklung zu zeigen. Bizet wie alle Großen verdoppelt seinen Schritt. Aber „Carmen" war nicht ein letzter unnatürlicher Kraftaufwand, den ein siecher Körper dem Geiste abgerungen. Wir haben uns bemüht, in den vorangegangenen Werken, in den „Perlenfischern" das Festhalten des Malerischen an sich, in dem „Mädchen von Perth" den Fortschritt der Technik zu zeigen; endlich sind in „Djamileh" Kolorit und Technik jene ideale Verbindung eingegangen, die beide in den Dienst einer großen poetischen und dramatischen Einheit stellte.

Daß in der Entwicklung des Opernkomponisten die Wellenbewegung mehr vorherrscht als bei anderen Schaffenden, ist natürlich. Solange die Musik Alleinherrscherin war, bei einem Mozart sogar das letzte Wort behielt, war sie eher zu vermeiden. Anders heute, anders bei einem Geiste wie Bizet. Seine Texte sich selber zu schreiben, besaß er wohl Poesie, lyrisches Empfinden genug; ob er aber bei aller Fähigkeit, in der Musik dramatisch nachzuempfinden und lebendig zu gestalten, das Gerüst eines wirk-

samen Librettos sich selbst hätte errichten können, darf man be=
zweifeln. Jedenfalls, er wich von der Tradition nicht ab; er
hätte sich damit wohl auch den Zugang zu den Bühnen erschwert:
Bizet harrte noch immer desjenigen Textdichters, der ihm auch
die Volkstümlichkeit, das Verständnis der Zeitgenossen mit=
erwerben half.

Das Bild, das im Geiste der Millionen von „Carmen"=Schwär=
mern lebt, sei nicht vollständig, sagten wir. Wohnt den „Perlen=
fischern", dem „Mädchen von Perth", selbst „Djamileh" nicht ge=
nügend Überzeugungskraft inne, so mag die „Arlésienne" die Lücke
in der Entwicklung füllen. Die Art, wie man dieses Meisterwerk
Bizets behandelt hat, bedeutet eines der betrübendsten Mißver=
ständnisse in der Kunstgeschichte. Eine Musik, die dem innersten
Leben eines Dramas nachgeht, die die tiefsten Regungen der
Natur= und der Menschenseele aufspürt, mußte als absolute
Musik teilweise in den Konzertsaal wandern. Sie führt dort
ein geachtetes Dasein; sie mag auch dem geheimen Sehnen des
absoluten Musikers, der ja selbst die Hand dazu bot, einen Augen=
blick entsprochen haben; aber sie ist mißverstanden. In Frank=
reich, wo sie auch im Konzertsaal heimisch ist, hat sie den Weg
auf die Bühne dauernd zurückgefunden; man führt sie oft auf,
und man genießt sie als das, was sie sein sollte.

Die Tatsachen mögen die Gründe zeigen. Carvalho, der das
Théâtre Lyrique nach der „Jolie Fille de Perth" hatte aufgeben
müssen, ist Direktor des „Vaudeville" geworden. Er will nach
wie vor für echte Kunst eintreten. Er will mit der „musiquette"
brechen und ein Drama durch die Musik bereichern. Im Augen=

blick, wo er Daudets „l'Arlésienne" auf die Bühne bringt, wendet er sich natürlich an seinen „lieben Bizet". Der ist überglücklich, daß er nun nicht mehr mit den Vorzügen eines Textbuches auch dessen Schwächen in den Kauf nehmen muß. Er darf sich die Situationen selbst wählen, darf aus ihnen Anregung zum Schaffen schöpfen. 26 freilich ausgezeichnete Musiker stehen ihm zur Verfügung, und genial verteilt er sie so, daß seine Partitur klar erklingt. Aber das Publikum, das man, wie Bellaigue treffend bemerkt, unterlassen hatte, „um seine Bewunderung zu bitten", sieht keinen Grund, von seinen Gewohnheiten in diesem Falle Abstand zu nehmen. Unter dem üblichen Geräusch von „Zuschauern, die kommen und gehen, von schwatzenden jungen Leuten, von hustenden alten Herren, von Damen, die nach Belieben ihre Fußbänkchen umstoßen", vollzieht sich ein künstlerisches Ereignis ersten Ranges! Nach fünfzehn Aufführungen verschwindet die „Arlésienne" von der Bühne. So wandert sie (am 10. November 1872) als Suite in den Konzertsaal.

Was aber hat ihr den Weg zum Erfolg, wo sie ihn suchte, auf deutschen Bühnen versperrt? Man wird wiederholen, was man in Frankreich gesagt hat: daß Daudets Drama ja eigentlich kein Drama sei, daß er auch hier mehr Erzähler, mehr Stimmungsmaler sei als kräftiger Entwickler dramatischer Situationen Und man könnte hinzufügen, daß der eigene provenzalische Ton, der in dem Werke erklingt, uns fremd ist. Man hat recht und unrecht zugleich. Gewiß nimmt auch hier die Stimmungsmalerei, die Poesie des Landes und des Wortes einen breiten Raum ein. Aber dieses Ensemble von Stimmungen erhält ein starkes Rückgrat durch ein echt menschliches Motiv, durch die Glut der Leidenschaft, die alle Schranken niederreißt. Der Grad dieser Leidenschaft mag in dem heißen provenzalischen Blut begründet sein, wie die des Don José in dem spanischen. Der Konflikt ist nicht neu, aber ewig. Ewig wird der Instinkt sich gegen jede bessere Einsicht aufbäumen. Ewig werden junge Liebende eher ihren Leib zermalmen als das Sehnen nach der Geliebten in ihm ersticken. Was von Poesie, von Stimmung in dem Werke lebt, dafür wird ein Theaterdirektor von heute wohl ganz besonderes Verständnis zeigen. Kokettieren nicht unsere Bühnen, des reinen Naturalismus satt, mit dem Nicht=Bühnenmäßigen, mit dem Symbolistischen, mit der Dialektik? Vertritt nicht Rede und Gegenrede die Handlung, so daß das Wort zur Tat geworden? Schützt man sich nicht so vor der Trivialität der Bühnenereignisse, die sich stets wiederholen? „Es gibt nichts Neues unter dem Rampenlicht." So dürfte auch Daudet in seinem einzigen dramatischen Werke gehört werden und vielleicht wirken. Den provenzalischen Ton wird niemand gegen ihn ausspielen wollen. Hat er uns doch selbst in seinen Romanen, als echtes Kind des französischen Südens, die leuchtende provenzalische Sonne, die ungezügelten Leidenschaften, wie sie in den unverdorbenen Gemütern auflodern, mehr denn einmal gezeigt? Nicht das besondere Provenzalische wird, das ist sicher, der „Arlésienne" die Bühnenwirkung kürzen, aber vielleicht das allgemeine Französische. Wir verschließen unser Ohr fremden sprachlichen Schönheiten nicht, aber durch die Ausdrucksgewalt des eigenen Idioms verwöhnt, lassen wir uns doch nicht von ihnen berauschen, suchen wir nach

Brief des Meisters an einen Freund.

dem verborgenen Quell des Gemütes, aus dem sie fließen. So schenkt dem Franzosen echte Stimmung, was uns nur ein Ensemble schöner Sätze bedeutet. Und wo wir das Wort als Hemmung des Dramas, nicht als sein wesentliches Hilfsmittel empfinden, wird uns die Lektüre eine bessere Mittlerin der Poesie als die szenische Darstellung.

Aber Bizet taucht das alles in die Farbe des Südens. Er kennt ihn kaum; er braucht ihn auch nicht zu kennen. Wenn sein Biograph Charles Pigot erstaunt ist, daß der verehrte Meister immer als ein fast Fremder den eigenen Ton des Landes gefunden hat, dessen Poesie er verherrlichen will, so wird man leicht auf Schiller und seinen „Wilhelm Tell" weisen können. Aber auch das ist nicht nötig. Der Musiker, der alle dramatischen Vorgänge von innen heraus schafft, braucht kaum eine Anregung; ganz natürlich arbeitet die Phantasie auf dem gewählten Pfade weiter. Ein, zwei Melodien genügen ihm; er hat das Sehnen der Volksseele, alles, was in ihr singt und klingt, erraten und bannt es in Töne. Mit einem solchen Motiv, mit dem Marche de Turenne (Marcho dei Rei) führt er uns nach der Provence. Der Vorgang ist uns nicht neu. Wir haben es nun schon in den „Perlenfischern", in „Djamileh" erlebt, wie der Meister des Kolorits gleich in den ersten Takten eine Scheidewand errichtet zwischen der Welt, die wir sonst sehen, und zwischen der, die er uns vorzaubern will. Seltsam, wie der Kolorist auf den Symphoniker in ihm Einfluß gewinnt, wie so eine neue Form ihm aus der Feder fließt. Der Symphoniker entwickelt das Thema aus sich heraus, wendet es nach verschiedenen Seiten, zwingt es,

sich auszusprechen; merkt er ihm die Erschöpfung an, so schafft
er ihm einen Genossen, und aus dem edlen Wettstreit beider und
noch anderer, die das gleiche Schicksal teilen, wird der große Or=
ganismus des symphonischen Werkes geboren. Daß Bizet solche
Arbeit leisten konnte, hat er ja bewiesen. Im Augenblick aber,
wo er der Bühne einen Rahmen schafft, entsagt er einem Teil
der symphonischen Mittel; und doch wird darum niemand den
Vorwurf gegen ihn erheben, ihm fehle der große Zug. Er setzt
diesen Marche de Turenne, der dem Werk den Charakter geben
soll, im Lapidarstil hin, er läßt ihn eindringlich durch das Streich=
orchester zu uns sprechen. Dann schenkt er ihm, um ihm nichts
von seiner Eindringlichkeit, von seiner Bedeutung, von seiner
malerischen Wirkung zu rauben, nur andere Farbe, zwingt ihn
unter das Joch der Stimmung, läßt ihn rauh und sanft auf=
treten. Dieses Nebeneinander von Stimmung, von Farbe aber,
mit dem köstlichen Zwischenspiel echt Bizetscher Mittelstimmen,
erhält feste Konturen, schließt sich zu einem großen Organismus
zusammen, und die Illusion des Landes mit seinem Sonnenschein,
mit seinen heißen Leidenschaften hat von unseren Sinnen Besitz
ergriffen. Nachdem wir so festen Boden gewonnen haben, klingt
plötzlich das Drama selbst hinein: wir hören das klagende Motiv
des Innocent. L'Innocent ist der Bruder Frédéris. Sein Geist
ist unentwickelt und träge; von den Seinigen unbeachtet, nur von
dem alten treuen Schäfer Balthazar gepflegt, vegetiert er dahin.
Aber mählich wird dieser Innocent zur Wetterfahne für die
schrecklichen Ereignisse auf dem Hofe von Castelet. Er wird
langsam begreifen und alle Phasen der verhängnisvollen Liebe

seines Bruders innerlich miterleben, wird den erschütternden Ausgang der Tragödie vorausahnen und im Augenblick, wo der andere den Tod sucht und findet, zu vollem geistigen Leben wiedererwachen. Und nach dieser schmerzlichen Klage, deren lächelnde Anmut durch die wiederholte Mahnung der Klarinette gedämpft wird, hören wir den lauten Schrei Frédéris. Ein Zucken geht durch das Orchester; und was wir dort nur ahnten, hier wird es uns zur Gewißheit: wir werden leiden sehen, werden mit ihm leiden.

Was uns Bizet in seinem Vorspiel gesagt, gewinnt im Laufe des Stückes Kraft und Bedeutung. Der Marche de Turenne wird als Marche de Noël, wie er die Scheidewand zwischen der provenzalischen und den anderen Welten aufgerichtet hat, zum Schluß die Illusion noch einmal unterstreichen und den Rahmen schließen. Die beiden Themen des Innocent und Frédéris werden melodramatisch die Handlung begleiten, ihr das Ohr ans Herz legen, uns rühren und erschüttern. Das Melodrama ist durch Beethovens „Egmont" und Schumanns „Manfred" wohl geweiht darf aber in der Äußerung des Realismus als Domäne der Modernen gelten. Man braucht nur an Richard Strauß' „Enoch Arden" zu erinnern, der mit seltenem Feingefühl die Seele von Tennysons Dichterwerk erschöpft und kaum etwas Ebenbürtiges unter seinesgleichen zählt: Bizet ist modern und bleibt sich doch selbst getreu. Er darf sich an Feinheit der Psychologie mit den feinsten musikalischen Psychologen messen, Richard Wagner nicht ausgenommen. Während der getreue Balthazar dem armen, zurückgebliebenen Kinde seine Mühe widmet und ihm zur Anregung des Geistes die Geschichte von der Ziege des Monsieur Seguin erzählt, verfolgt der nachdichtende Komponist jedes Aufleuchten der Intelligenz und läßt das Orchester sein Verständnis bezeugen. Und welches Orchester! Um ein so feiner Psychologe werden und sich nach seinem Gefühl äußern zu können, mußte er die Keime einer eigenartigen Instrumentation, die durch die Klarheit ihres Gewebes besticht, zur vollen Reife entwickelt haben. Und wie Bizet sein Orchester ohne einen unerhörten Aufwand von Mitteln reden, jubeln, klagen und weinen macht, so wird ihm der Chor zum Instrument, haucht er ihm verschiedene Seelen ein, individualisiert er ihn und taucht ihn in üppige Farben. Der Beispiele gibt es genug: während Balthazar den schlimmen Ahnungen nachgeht, die sich für ihn an die bevorstehende Verbindung Frédéris mit der Arlésienne knüpfen, erklingt plötzlich ein fröhlicher Chor, der dem freudigen Ereignis gilt. Die Bässe geben den Takt an, und darüber erhebt sich eine sonnige Melodie, ein Meisterwerk. Aber neben dem Sonnenschein lauert das Unglück. Was Balthazar geahnt, wird zur Wirklichkeit. Mitifio, der Geliebte der Braut Frédéris, tritt auf. Und bei seiner ersten Frage schon steigt die Tragödie im Orchester auf: klagende Violoncelli, hart und stechend rhythmisierende Kontrabässe verkünden sie. Mitifio, der die Briefe der Arlésienne als Beweisstücke vorlegt, der die guten Auskünfte des Onkels Marc schlagend widerlegt, bringt den Aufruhr in das Haus. Ein Stück Sonnenschein noch beleuchtet in der Erinnerung an den fröhlichen Chor die Schrecken der Gegenwart. Aber das Unglück ist unabwendbar.

Noch scheint es nicht so. Noch hält man für möglich, daß eine gesündere Neigung, die Liebe Vivettes, die verhängnisvolle Leidenschaft aus Frédéris Herzen verdrängt. Den Frieden des Landlebens täuscht die Szene am Teich von Vaccarès in der Camargue uns vor. Eine Pastorale ertönt, in der die Violinen mit ihrer zarten Melodie, mit ihrem neckischen Auf und Ab auf Rossinis „Tell" weisen. Dann unterhalten sich Oboe und Klarinette; es ist ein zwangloses Gespräch im Kanon, und wir freuen uns des Klanges der Holzbläser, denen Bizet seine besondere Liebe schenkt. Wieder setzt die Weise von Anfang fortissimo ein, um sich in das zarteste pianissimo zu verlieren. Der Chor, der nun erklingt, ist bei uns ein Paradestück des vierten Aktes von „Carmen" geworden. Es war grausam, ihn von seinem Platze zu reißen, wo er dem individualisierenden Chorkomponisten einen Hymnus singt. Wie in diesem Chor der Bauern und Bäuerinnen die Kunst des Singens à bouche fermée, das ein rhythmisches Gemurmel erzeugt, die Entfernung vortäuscht, wie jede einzelne kleine Wirkung im Aufbau auf das Feinste berechnet ist, das soll nur angedeutet werden.

Die Liebe Vivettes, diese uneigennützige Liebe, die nur Balsam auf die Wunde Frédéris legen will, wird brutal zurückgewiesen; während sie sich anbietet und nur verlangt, er möge ihre Liebe dulden, schweigt das Orchester und spricht damit die beredteste Sprache.

Der Punkte, wo man überrascht innehält und eine neue, durch einfachste Mittel geschaffene Stimmung bewundert, gibt es viel. Es ist Dämmerung. Und wie die Schatten der Nacht sich herniedersenken, rufen die Schäfer ihre Tiere zurück. Im Tremolo der Geigen tönt die Sphärenmusik, die die Landluft erfüllt; wäh-

rend die Oberstimmen (à bouche fermée) unbeweglich bleiben,
schallt der Ruf der Tenöre und Bässe, pflanzt sich als Echo fort,
und in wenigen Takten ist ein Landschaftsbild vor uns getreten,
wie es kein Maler lebendiger und eindrucksvoller uns vor den
Sinn zaubern könnte. Oder l'Innocent schläft ein, und das
Orchester widmet dem Einschlafen des Kindes, in dessen Geist die
Erinnerung an die Ziege des Herrn Seguin noch stammelnd nach=
klingt, ein provenzalisches Lied, eine sanfte Berceuse.

Vivettes Liebe hat scheinbar gesiegt. Frédéri wird sich von
ihr trösten lassen, das Glück der Gattenliebe wird in sein Herz
einziehen. Nicht ohne Kampf, wie uns die Melancholie des Horns
und des Saxophons erraten lassen; aber endlich schließen Ver=
nunft und treue Liebe sich zusammen. Man wird Hochzeit feiern.
Und die Hochzeit nebst den Vorbereitungen dazu werden uns die
reizenden Stücke, die wir so oft nur als tönende Form genossen
haben, im Bunde mit der Handlung, mit der Poesie zeigen. Den
Carillon mit den obstinaten Pizzikato=Noten gis, e, fis, über die
die ersten Geigen eine ländliche rauhe Melodie weben. Und um
der Poesie zu gedenken: jene rührende Szene, da zwei Greise,
La Mère Renaud und Balthazar, die ein langes Menschenleben
hindurch die Kunst der Entsagung geübt, sich um den Hals fallen:
ein Gegenstück zu Frédéri, der nicht entsagen wollte noch konnte.
Nicht will noch kann. Man hat das reizende Intermezzo ge=
hört, das hier unter dem wahren Namen Menuet des Vicillards
oder Menuet-Valse, den Platz zwischen den beiden Teilen des
Dramas füllend, seinen bei aller harmonischen Pikanterie alter=
tümlichen Schritt wahrt. Und wie wundervoll zart erscheint uns

die As-dur-Cantilene der Celli im Mittelsatz, über die die Geigen in lieblichen Figuren dahinschweben; wie werden hier Erinnerungen aufgefrischt, wie wird hier auch das Senile durch jugendfrische Eleganz geadelt! Dann halten zwei Flöten ein Zwiegespräch: L'Entreé de la mère Renaud. Langsam schreitet sie vor, übt ihr Gedächtnis an der Besitzung, an der Magnanerie, an den Schuppen, an all den Dingen, die sie aus Pflichtgefühl solange hat entbehren müssen; und wie sie, von Vivette gestützt, vorschreitet, wundern wir uns über den elegischen Ton der ausdrucksvollen Begleitung, die dem sonst indifferenten Instrument so reichen Inhalt, so viel Leben schenkt. Das Adagietto aber, das dem Dialog sich an= schmiegt, atmet die Innigkeit in den Adagiosätzen der deutschen Klassiker.

Noch einmal tritt das Intermezzo auf. Und dann lauschen wir den Worten der Liebe, die Vivette Frédéri, die nun auch Frédéri Vivette zuflüstert; lauschen dem Orchester, in dem all diese Zärtlichkeit einen bezwingend zarten Ausdruck findet. Das war der letzte fröhliche Ton im Drama. Mitifio, der Geliebte der Arlésienne, fordert seine Briefe zurück; er liebt sie mehr denn je, liebt sie in der freien Natur. Bei dem Namen erwacht in Frédéri, in dessen Herz die Ruhe scheinbar eingekehrt war, die brennende Eifersucht. Er stürzt sich mit dem Hammer auf ihn; der Mord wird durch das Dazwischentreten der Mutter Rose Mamaï verhütet. Aber man wird ihn nicht hindern können, das Leben wegzuwerfen, das nun allen Wert für ihn verloren.

Mit dem schrecklichen Ausgang des Dramas verbindet sich hart und grausam der fröhliche Sang der Farandoleure, der Brüder von St. Eloi, die das Fest ihres Schutzpatrons feiern. Und ihm gesellt sich der Marche de Noël, diesmal düster und feierlich einherschreitend, hinzu. Über düstere Geschehnisse hat sich der Vorhang gesenkt, doch die alles adelnde Kunst des Komponisten hat uns versöhnt.

Die Musik zur „Arlésienne", der ursprünglich auch Stücke aus „Carmen", wie das Vorspiel zum dritten Akt, der Zöllnerchor angehören, schrieb Bizet in ein paar Monaten. Sie war aus dem eigenen Bedürfnis heraus entstanden, und nur die Hälfte von ihr lebt im Drama fort. Wie lange wird man sich bei uns mit noch weniger begnügen? Wie lange wird man dem Komponisten die Hülle des Dramas entziehen, das durch ihn gehoben und bereichert wurde! Was Bizet in seine Suite hinübergerettet hat, hat viele entzückt; was Guirand in einer zweiten verwendet, mag der Freundschaft ein ehrenvolles Zeugnis ausstellen. Aber man führe die „Arlésienne" hier auf, schenke Bizet eine Genugtuung und lasse damit auch Daudet sein Recht werden.

Programm=Musik.

Schöpfen wir Atem. „Carmen" naht: aber der Weg zu ihr führt über eine Art Programm=Musik, die einzige in großem Stil, die wir Bizet verdanken. „Wir" ist nicht das richtige Wort. Denn die „Patrie", Ouverture dramatique, ist in Deutschland nicht bekannt. Aus dem edlen, von Pasdeloup angeregtem Wettstreit dreier Künstler, Bizet, Ernest Guiraud und Jules Massenet hervorgegangen und diesem letzten gewidmet, ist es doch wie ein Echo der Leiden von 1870/71. Aber doch nur ein Echo; und jeder Chauvinismus, der in vergangenem Unglück nicht ohne Nebenabsichten wühlt, schweigt vor dem kraftvollen Aufschwung dieser Schlußakkorde. Vielleicht ist das Werk als zu französisch erschienen, um in Deutschland, der zweiten Heimat Bizets, volles Verständnis und Anklang zu finden: vielleicht; denn in Frankreich gehört es zum Repertoire der Konzerte wie die Arlésienne-Suiten. Sicher aber ist, daß diese Ouverture dramatique für die Schätzung Bizets kaum in Betracht kommt: französisch oder nicht, sie steht weder in Erfindung noch in Farbe so hoch wie seine übrigen Schöpfungen. Man verzeiht die Anklänge an den Rakoczy-Marsch, die vielleicht bewußte Anlehnung bedeuten. Aber man sieht weiter, wie der Hurrapatriotismus Bizet übel zu Gesicht steht, wie er auch die Besten, ob Deutsche oder Franzosen, vom Wege melodischer Vornehmheit abbringt. Sie ist sehr wirksam und lohnt in jedem Falle die Bekanntschaft, schon weil ein A-moll und ein A-dur-Intermezzo auch hier den echten Bizet retten. Aber nie wieder hat er den Mut zu Banalitäten gefunden, die wie das zuerst in F-dur sanft, dann als Sechsachteltakt in C-dur kräftig auftretende Thema dem Werk das Gepräge geben.

„Carmen", Das Hohelied der Liebe. Der Tod.

Und nun sind wir bei „Carmen" angelangt. Bei dem Werke, das einst verkannt, bald in den Himmel gehoben, ganz Europa den Atem raubte, die Besten in seinen Bann zog; das in einer Zeit der unendlichen Melodie mit erhobenem Panier und mit rauschendem Erfolg für die geschlossene eintrat; das von einem Geiste wie Nietzsche in freilich krankhafter Maßlosigkeit gegen den ganzen Wagner ausgespielt wurde. Wir können etwas ruhiger urteilen, und doch immer noch voll Bewunderung für dieses in seiner Art einzige musikalische Bühnenwerk. Und es ist ein erhebendes Gefühl zu wissen, daß die Bewunderung hier nicht von dem Mitleid mit dem tragischsten aller Schicksale diktiert ist.

Doch meistern wir die Ungeduld, noch einmal bei den einzelnen Schönheiten des unvergänglichen Werkes zu verweilen. Man kann es nur mit klopfendem Herzen, mit hämmernden Pulsen; berichtigen, ergänzen wir Historisches.

Man hat den Librettodioskuren Meilhac und Halévy, in Anlehnung an einen wohl mißverstandenen Brief Bizets, die erste Carmenidee zugeschrieben. Ludovic Halévy, der Vetter des Komponisten, sein mit dem Herzen mitarbeitender Textdichter, kurz der Berufenste von allen, hat dem widersprochen. Bizet als echter homme du théâtre sieht in der Novelle von Prosper Mérimée einen starken Anreiz zum Schaffen. Ist das nicht begreiflich? Konnte es für den, der eben seine Kraft an der Arlésienne erprobt hatte, einen natürlicheren Wunsch geben, als dem an der Leidenschaft zu einer Dirne zu grunde gegangenen Frédéri den Don José an die Seite zu stellen, die dort unsichtbare Dirne voll zu entwickeln und zu der hingebenden Vivette eine Parallelfigur zu schaffen? Meilhac und Halévy teilen sofort seine Ansicht. Und man kann sich wohl vorstellen, daß auch Camille du Locle, der eifrige Parteigänger des Modernen, mit ganzem Herzen dabei ist. Ebenso natürlich wird sich de Leuven, der Textdichter des Postillon

Aus der Carmen-Partitur.

L'amour est un rebelle...

[illegible manuscript lines]

L'amour est enfant de Bohême
Il ne connaît jamais de loi
Si tu ne m'aimes pas, je t'aime !
Si je t'aime... tant pis pour toi !

L'oiseau que tu croyais surprendre
Battit de l'aile et s'envola...
L'amour est loin — tu peux l'attendre,
Tu ne l'attends plus... il est là...
Tout autour de toi, vite, vite,
Il vient, s'en va, puis revient...
Tu crois le tenir — il t'évite,
Tu crois l'éviter — il te tient !

L'amour est enfant de Bohême
Il ne connaît jamais de loi
Si tu ne m'aimes pas, je t'aime.
Si je t'aime... tant pis pour toi !

von Lonjumeau, dagegen sträuben. Der Tod auf der Bühne der Opéra Comique! Verstieß das nicht ganz gegen das Genre national traditionnel des von der „Weißen Dame" mit Beschlag belegten Hauses, in dem die ersten kleinen Vorpostengefechte der Eheschließung geliefert wurden, von dem jede störende Aufregung fernbleiben mußte, des Theaters der Familien! Als ob die Ehe nicht auch manche Tragödie geboren hätte! Ludovic Halévy sucht den alten Herrn auf Der unterbricht ihn: „Carmen! . . . die Carmen von Mérimée! . . . Wird sie nicht von ihrem Liebhaber ermordet? . . . Und dieses Milieu von Dieben, Zigeunerinnen, Zigarrenarbeiterinnen! . . ." Und nun bringt er die bekannten Nützlichkeitsgründe dagegen vor. Halévy erklärte ihm, daß sie Carmens Charakter gemildert, ein sehr keusches Mädchen eingeführt, die Zigeuner dem Genre der Opéra Comique angepaßt hätten. Und wenn schließlich Carmens Tod unvermeidlich sei, so würde der tragische Abschluß durch den strahlenden Glanz einer südlichen Sonne, durch ein festliches Treiben viel von seiner Grausamkeit verlieren. Herr de Leuven gab nach schwerem Kampfe nach, entließ ihn aber mit den Worten: „Ich bitte Sie, mein liebes Kind (Halévy war damals 40 Jahre alt), lassen Sie sie nicht sterben."

Sie mußte sterben. Herr de Leuven aber trat, wohl auch im Hinblick auf das Ereignis, zurück, und überließ Herrn du Locle die Verantwortung für den Bruch mit der Tradition.

Und nun beginnt die ganze Kette von Schwierigkeiten, die sich einem völlig neuen Werk entgegentürmen. Aus einem Bruch mit dem traditionellen Genre folgt auch ein unsanftes Erwachen aus der Lethargie. Das Orchester findet Teile der Partitur unausführbar, wird aber durch viele Proben von deren Ausführbarkeit überzeugt. Galli=Marié, die ausgezeichnete und für die Partie der „Carmen" begeisterte Künstlerin, verlangt und erlangt Änderungen. Die Chöre im ersten Akt sollen nicht nur musikalische, sondern auch schauspielerische Arbeit leisten Die Schwierigkeiten werden überwunden, und der Tag der Aufführung rückt heran. Man verläßt die Generalprobe, zu der damals die Presse noch nicht geladen war, voll schöner Hoffnungen; hat doch auch der letzte straffe Akt den wärmsten Beifall gefunden. Aber man hatte nicht mit der Presse, nicht mit den böswilligen Indiskretionen gerechnet, die aus der Opéra Comique, ja aus dem Bureau des bedenklich gewordenen Direktors stammten. Mehrere Zeitungen machten sich am Morgen des Erstaufführungstages zu Dolmetschern wahrer oder erheuchelter Gefühle: „Carmen", so hieß es, „zeigt so bedenkliche Charaktere und so schlüpfrige Situationen, daß eine Ablehnung der Oper wahrscheinlich ist."

Und die Ablehnung kam. Der Mißerfolg der ersten Aufführung (am 3. März 1875) ist eine Denkwürdigkeit, wie sie der größte Erfolg, als zu selbstverständlich, nicht geworden wäre. Das Fiasko in allen seinen Phasen festhalten, heißt die Ironie noch ätzender machen. Wir hören den Verlauf des Abends in einem Briefe schildern, den Ludovic Halévy am Tage nach der Vorstellung an einen auswärtigen Freund richtet: „Gute Wirkung des ersten Aktes. Das Auftrittslied der Galli Marié wird beklatscht . . ., ebenso das Duett Micaëla und Don Josés. Der Akt endet gut mit Beifall und Hervorrufen . . ., auf der Bühne viele Leute . .

Bizet wird umringt und warm beglückwünscht. Der zweite Akt verläuft weniger glücklich. Der Anfang wirkt glänzend. Das Auftrittslied des Toreadors macht großen Eindruck. Dann Kühle ... Bizet entfernt sich von da mehr und mehr von der traditionellen Form der Opéra Comique, und das Publikum ist verwundert und weiß sich nicht mehr zurechtzufinden ... Im Zwischenakt finden sich schon weniger Leute um Bizet ein. Die Glückwünsche sind weniger aufrichtig, tragen mehr den Charakter der Förmlichkeit. Die Kühle nimmt im dritten Akt zu ... Beifall erntet nur das Lied der Micaëla, das noch ganz nach altem Zuschnitt ist... Auf die Bühne kommen noch weniger Leute ... Und nach dem vierten Akt, der von der ersten bis zur letzten Szene mit eisiger Kälte aufgenommen wird, ist die Bühne leer ... nur drei oder vier treue und wahre Freunde bleiben um Bizet. Alle versuchen ihn zu beruhigen, zu trösten, aber die Trauer spricht aus ihrem Blick. Carmen hatte ein Fiasko erlebt."

So durften Prüderie, Heuchelei, Böswilligkeit im Verein mit Unverstand verkennen, daß hier ein großes, vielleicht das größte Menschenproblem mit erschütternder Kraft ergriffen und uns nahegerückt worden war. Scheiden wir die Böswilligkeit aus und halten wir uns an den Unverstand. Kein Zweifel, durch Wagner wäre auch Bizet verstanden worden. Aber noch hatte unser großer Meister nicht auf der ganzen Linie gesiegt, noch hatte er nicht in die Tradition Bresche geschlagen. Wie er, die ungleich kräftigere Natur, für sich den Kampf mit den schärfsten Waffen, mit der unerhörtesten Rücksichtslosigkeit führte und gewann, hätte er über den auf anderem Wege dem gleichen Ziele zustrebenden

Meister schützend die Hand halten können. In doppelter Hinsicht. Der Wahrheitsdrang in der Auffassung des Liebesproblems hätte niemanden erschreckt und das Vorwärtsdrängen auf dem großen Felde der harmonischen Möglichkeiten kein Ohr verletzt. So jedoch mußte das Werk, nachdem sein Schöpfer erlegen war, trotz der Hochachtung, die man ihm schenkte, für sich selbst kämpfen, in Frankreich Waffenstillstand schließen, um erst lange nachher ohne Kampf zu siegen.

Glücklicherweise aber hatten Prüderie und Heuchelei nur vermocht, die Textdichter zur Abschwächung mancher Kraßheiten zu bewegen. Die Tragödie blieb in ihrer ganzen Kraft bestehen. Daß Don José weicher und reiner wurde, daß der abstoßende Gemahl Carmens, Garcia, ausscheiden mußte, daß Micaëla sich aus der großen Zahl blonder navarresischer Mädchen loslöste und dem Helden das Herz rührte, dies alles steigerte die Wirkung. Und man wird sagen dürfen, daß wohl noch nie aus einer Novelle, die ihrer Klarheit, Kühlheit, Knappheit, Wahrheit die Tiefe des Eindrucks verdankt, mit soviel Geschick eine Erzählung herausgeschält, dramatisiert und zu einem spannenden Libretto umgewandelt worden ist. Und wenn eben Knappheit und Wahrheit die Ausnahme in diesem Falle erklären und die Novelle, sonst die Feindin des Dramas, zu seiner Freundin machen, so bleibt doch noch immer zu bewundern, wie Meilhac und Halévy den Forderungen des Herzens entsprochen haben.

Die Don Josés und die Carmens, die mit dem Herzen, die mit den Nerven lieben, und ihre tausend Spielarten bevölkern die Erde. Nur daß nicht alles so tragisch endet; nur daß man für das Leben das Sprichwort prägen kann: Il y a des accomodéments avec le dieu de l'amour. Der Psychologe freilich wird die Gegensätze nicht anerkennen; ihm sind Nerven- und Herzensliebe im Grunde eins. Aber im Leben zerlegt man die Liebe nicht, man fühlt sie. Indem man fühlt, scheidet, vergrößert man, schafft man Kontraste. In „Carmen" werden die Kontraste dem Leben nachgebildet, entwickelt und folgerichtig bis zum äußersten Ende geführt. Wes Herz nicht von des Gedankens Blässe angekränkelt ist, der kann so enden. Und darum gibt es in „Carmen" nicht einen Augenblick, wo wir an Unnatur, an Sardousche Mache glauben.

Das ungemein Menschliche daran ist es auch, was Bizet die Feder in die Hand drückt. Wie ein Fieber packt es ihn. Ererbte Anlagen und erworbene Fähigkeiten, Erfindung, Wärme, Poesie und Bühnenblut, Farbensinn, Kühnheit und Polyphonie, alles rafft er zusammen und ruft es herbei, damit es wahrem Menschentum diene. Hier, wo die Handlung unaufhaltsam drängt, wo es keine Lücken gibt, wo das Drama das Malerische beherrscht, aber nicht bindet, wird es auch in der Musik keine Lücken geben. Eine Partitur wird geboren werden ohne die toten Stellen, die nirgends fehlen und doch einem Meisterwerke seine Größe nicht rauben. „Sans forme pas de style", hatte er einst gesagt. Gut denn. Die Form soll bleiben, aber geweiht werden durch den Wahrheitssinn; die Konturen, die Symmetrie werden nicht gestört sein, und doch wird ein reicherer Inhalt Zeugnis geben von neuem, belebendem, vorwärts drängendem Geiste; die Nummern sollen nicht schwinden, aber die Kunst der Übergänge wird dem

Wirklichkeitssinn, den die strenge Exaktheit des Schauspiels verwöhnt hat, sein Recht werden lassen. Ist Einheit von Wort und Ton nicht erreicht, so wird die gefühlte Logik der Melodie, die die Stimmung in voller Freiheit sich ausleben läßt, die Logik des Gedankens niederzwingen. „L'école des flonfons, des roulades, du mensonge est morte", hatte er einst gesagt. „Gut denn", so spricht er jetzt, „ich will Virtuoseneitelkeiten nicht mehr schonen, ich will verachten ‚les effets' und nur achten ‚l'effet général'". Aber die Gerechtigkeit erfordert hinzuzufügen, daß die Treue, mit der er den Weg sonst ging, an zwei oder drei Stellen der Schwäche wich. Das Duett Micaëlas und Don Josés im ersten, das Auftrittslied des Toreadors im zweiten und das für Mademoiselle Chapui berechnete Lied der Micaëla im dritten Akte mag man als Zugeständnisse an die Vergangenheit betrachten. Diese drei Nummern hatten Gnade gefunden, aber ohne dem Werk Stimmen zu werben. Beweis genug dafür, daß sie in dem Kampf gegen allen Flitterkram der Koloraturen kaum Ruhepausen zu nennen waren. Und bedürfte es noch eines Zeugnisses: der vierte Akt, der in Rede und Widerrede lückenlos dahinfließt und der Schlußtragik zueilt, dieser vierte, letzte Akt, mit dem ein Schwächerer einen guten Abgang hätte erzielen können, zeigt ein starres Festhalten an dem Programm, tritt rücksichtslos für die dramatische Wahrheit als Alleinherrscherin ein.

Soviel zur allgemeinen Würdigung. Wer kann der Versuchung widerstehen, sie im einzelnen zu begründen? Nein, nicht sie zu begründen, sondern zu ergänzen. Gilt es doch nicht, einem verkannten oder unbekannten Werk die Sinne und die Herzen zu

Aus der Carmen-Partitur.

erobern, sondern in trauter Gemeinschaft mit einem Ausschnitt aus den Millionen von Carmenschwärmern die Schönheiten, die sie viele, viele Male erlebt, in der Erinnerung bewußt zu durchkosten, den Weg zu nie empfundenen zu weisen und doch ein Mitgenießender zu bleiben.

Bizet ist kein anderer geworden. Er hält sich an ein Programm, aber nicht an eine Schablone. Wieder sind wir mit dem ersten Takt in die Welt Spaniens versetzt. Die Quadrille, die in brutalem A-dur mit ihren Rhythmen, mit den Blechgruppen auf unsere Sinne eindringt, ertönt am Anfang, wie sie der Erfüllung des Fatums am Schluß wüste Festesfreude entgegenstellen wird. Hier reißt der Meister in der Aufeinanderfolge der Tonarten die Schranken nieder und zieht aus zum Kampfe wider die Philister. Über die Welt des Toreadors fällt ein Vorhang; einen Augenblick bleibt alles stumm. Dann spricht die Tragik sich aus, erschütternd, durchdringend. Die Geigen wimmern ein Tremolo, die Celli stöhnen jene fünf Noten, die der „Carmen" immer auf den Fersen sind, mag sie ihrer auch nicht achten, dumpf und schwer hallen die Paukenschläge. Jäh bricht die Klage ab. Alles ist uns gekündet worden; so wenig kümmert sich der Musiker um das Gesetz des Dramas, daß man die Spannung nicht durch Redseligkeit löse. Sein Ausdrucksmittel ist nicht präzis; so darf er, mitteilsam, wie er ist, sein Geheimnis verraten, ohne es zu verraten. Während er seine Seele rückhaltlos in alle Welt hinausschreit, weckt er Ahnungen, Stimmungen, löst die Spannung nicht, sondern läßt sie wachsen.

Sie wächst, weil nun plötzlich alles eitel Ruhe und Heiterkeit ist. Der Platz von Sevilla, mit seiner Tabaksmanufaktur, mit seiner Wache, mit seinen Dragonern, die sorglos vor sich hinsingen, das vorüberziehende Volk betrachten, will nichts von dem Wort haben, was uns mit bangen Ahnungen erfüllt. Eine eben gesungene Phrase rufen sich die Holzbläser zu; in das Orchester kommt leise Bewegung. In Triolen flüstern die Violinen. Was ist geschehen? Ein Mädchen kommt, Micaëla. Sie sucht ihren Sergeanten. Und schon nehmen, wie sie lieblich und bescheiden auftritt, die Geigen eine Wendung nach As-dur, geben einen Vorklang herzlicher Naivität, in den die Flöten harmlos plaudernd einstimmen. Der stramme Soldatenton schüchtert sie ein; sie wird wiederkommen, wenn sie die Runde machen. Es wird immer lebendiger auf der Bühne. Ein Ruf der Trompeten! Die Wache zieht auf, und wie die Flöten abwärts gleiten, wie der Chor der mitlaufenden Straßenjungen sich dem Bilde und dem Ensemble einfügt, wie die Modulation immer pikanter, das Orchester immer witziger wird, um in einem kanonischen Pizzicato zu verhauchen, zieht ein vollendetes und eigenartiges Kabinettstück an uns vorüber.

Ein jeder kennt die Ereignisse. Und nicht um sie zu erzählen, nur um den Meister im Aufbau zu zeigen, haben wir sie an der Seite der Musik aufmarschieren lassen. So eilen wir denn über den lieblichen Chor der Zigarettenarbeiterinnen mit der schwebenden Begleitung hinweg und der tragischen Heldin entgegen. Das Schicksalsmotiv, aber ohne Härte, leicht und anmutig, führt sie uns zu. Offenherzig wirft sie, kaum sie den Mund auftut, eine Skizze vor sich hin: „Wann ich Liebe euch schenk", spricht sie

zu ihren Verehrern mit einem Blick auf den unbekümmerten Don
José, „fürwahr, das weiß ich nicht, wohl niemals vielleicht." Sie
ist kapriziös von F-moll nach As-dur, von hier nach Des-dur ge-
hüpft, um die eben Enttäuschten durch die scheinbar zärtliche Wendung nach B-dur zu überraschen und in ihre Netze zurückzuziehen:
's kann morgen schon sein. Hart aber setzt sie, nach D-moll
springend, hinzu: eins weiß ich gewiß: heute? nein! Doch ebenso
hart wie sie hat das Schicksal seinen festen, von keiner Laune ge-
hemmten Willen nochmals verkündet. Die Umrisse sind gezeichnet;
und wir wissen, daß der Eigensinn der Laune ihr den mit einem Blick
begehrten Don José zu eigenem Unheil in die Arme führen wird.

Man sieht: La vérité dramatique est en marche: kann man
mit wenigen Strichen realistischer sein? Und stellt man sich im
Hinblick auf die Vollendung der Form die Frage, ob der Drama-
tiker oder der Musiker das letzte Wort behält, so lautet die Ant-
wort: beide kennen nur ein Bedürfnis: wahr zu sein. Wenn die
Holzbläser die Skizze mit einem kurzen Hinweis auf das Schicksalsmotiv schließen, so ist mit der Forderung des Musikers zugleich die des Dramatikers erfüllt.

Wir wissen, woran wir mit „Carmen" sind. Was sie auch
tun möge, wir werden in ihr nur wiederfinden, was sie uns selbst
von sich prophezeit. Die Habanera, ihr Auftrittslied, trällert sie,
unbekümmert um die Wirkung, wie den ersten besten Gassenhauer
vor sich hin; man kennt sie als die Vertreterin des Typus, der
das Wort Liebe unbewußt ironisiert, man stimmt ihr in der Dur-
Tonart zu. Der Chronist hat hier an einen fast lächerlichen Vor-
fall zu erinnern: die Habanera, aus einem südamerikanischen Motiv

emporgewachsen, wurde von dem Verleger Heugel als Ureigentum des Sammlers Yradier in Anspruch genommen. Man denkt heute an Yradier nicht mehr und muß darüber staunen, daß ein Musiker je an einen solchen Zusammenhang dachte. Denn sie wie die Seguidilla wie ein paar Melodien, die der Konservatoriumsmitschüler Sarasate ihm beisteuerte, sind so sehr mit der Persönlichkeit Bizets durchtränkt, daß der Spanier sich erst daran gewöhnen mußte, ein Stück von eigenem Fleisch und Blut in ihnen zu erkennen. Sie verkörpern alle einen schönen Traum mit dem Hintergrunde der Wirklichkeit.

Carmen tut den ersten Schritt, ihren Willen durchzusetzen; sie nähert sich Don José, der sie durch seinen passiven Widerstand reizt, sie richtet eine alltägliche Frage an ihn. Das Schicksal droht; die Celli stellen sich in seinen Dienst; was bisher nur ein leises Warnen war, wird jetzt zur eindringlichen Klage, denn das Verhängnis ist unabwendbar. José hat die ihm frech zugeworfene Blume aufgenommen und wird Carmen gehören. Und jetzt, wo das finstere Gewölk sich über seinem Haupte zusammenzuziehen beginnt, erinnert ihn die auftretende Micaëla an seine Liebe, der er im Sinne bereits sich entfremdet, an die Liebe und Sorge der Mutter. Zweifellos hat hier Bizets Herz, das an der früh verstorbenen Mutter mit allen Fasern hing, sich mit Wärme ausgesprochen. Wie seltsam, daß der Künstler am wenigsten persönlich war, wo der Mensch sein persönlichstes Empfinden äußerte! Das Duett ist schön und wirksam im alten Sinne; und auch die Erinnerung an Gounod, seinen einstigen Lehrer, dem er zugetan war, kann nur sympathisch für ihn stimmen.

Carmen.

Seguidilla und Duett.

Micaëla scheidet von ihm; der Brief der Mutter ruft noch einmal alles Edle in ihm auf gegen die „schwarze Hexe". Umsonst.

Der Zug jähzorniger Brutalität, von dem die Zigarettenarbeiterinnen in erregtem Durcheinander sprechen, überrascht uns nicht mehr; eine Carmen kann nicht anders handeln. Aber wir müssen noch einmal bewundernd stille stehen, ihre Kolleginnen betrachten, die sich die Fäuste zeigen, für und wider reden, sich gegenseitig kaum zu Worte kommen lassen und doch musikalisch das harmonischste Ensemble bilden.

Don José hatte Micaëla vor sich, die Mutter im Geiste gesehen und glaubte einen Talisman gegen die schwarze Hexe zu besitzen; Sinnlichkeit, Cynismus, Koketterie der Seguidilla stürmen auf ihn ein.

Carmen ist ihres Sieges gewiß. War die Habanera aufreizend, so ist die Seguidilla ein höhnisches Sichbrüsten mit dem Triumph der Laune. Eben hat die Flöte ein Fis-dur geheuchelt; schon ihr Echo straft sie mit einem g Lügen. Carmen jagt den keuchenden José aus einer Ecke des harmonischen Labyrinths in die andere; das Motiv nähert sich grinsend, um im nächsten Augenblick wieder zurückzuweichen. Das Orchester kichert dazu in frechem Pizzikato. Ein Schein von Zärtlichkeit, ein Liebesversprechen für den, dem sie ihr Herz geschenkt. Sie glaubt, es wäre für ewige Zeit. José erliegt, die Seguidilla wird rauh, hart und schließt mit einem lauten Aufjauchzen. Noch nie war für das Aufpeitschen des Instinkts ein solcher Ton gefunden worden; die an Überraschendem so reiche Carmenpartitur hat hier dem Philister den ärgsten Stoß versetzt.

Doch urplötzlich läßt Bizet die Schranke fallen, die er gegen die Vergangenheit aufgerichtet. Mit einem Fugato, in dem die Celli das bekannte Motiv des Tumults zuerst aussprechen, flüchtet er in den Schoß der symphonischen Muse, aber nur, um ganz er selbst zu sein. Die Wahrheit kommt zu ihrem Recht; noch einmal huscht die Habanera im Munde der Carmen vorüber; ihr lacht die Freiheit, in die José ihr unter Preisgabe der Soldatenehre folgen wird.

Sie mahnt und warnt. Das Vorspiel zum zweiten Akt ist eines jener Meisterstücke, in denen die Feinheit der Details nie aufdringlich wird und nur zum Gesamteindruck höchster Vollendung führt. Das Seltsamste darin ist die Klarheit, Einfachheit und Natürlichkeit, mit der Fagott, Flöte und Oboe sich in das marschartige Motiv teilen, ohne die Streicher mehr als unbedingt nötig ins Vertrauen zu ziehen. Ein Schweben zwischen Dur und Moll; dann singt es die Klarinette noch einmal, während das Fagott, das zuerst Wortführer gewesen, sanft chromatisch hinabgleitet, im Aufschwung nach B-dur der Vereinigung mit der Genossin zustrebt, die in der Dominante zu ruhen scheint. Doch des Klagens ist ein Ende. Flöte, Oboe, Klarinette, Fagott rufen sich die Losung noch einmal zu, und in einem Unisono klingt alles aus. Hier wie beim Aufziehen der Wache, in der Habanera, in der Seguidilla und auch sonst sind die Holzbläser mehr und mehr gewachsen; sie wollen nicht nur die Pikanterie unterstützen, sie wollen auch dem Drama zu Hilfe kommen. Wie ausdrucksvoll gibt die Flöte, der man nur wenig Seele nachrühmt, in dem Zigeunerlied den Ton an! Leise rhythmisiert die Harfe; Viola und Violoncell stimmen pianissimo ein. Der Kolorist Bizet läßt das Motiv langsam die Stufen h, a, g, fis hinuntersteigen, dann rasten, seinen Weg über e, d nach cis abwärts fortsetzen. Wie mutwillig jauchzen Oboe, Klarinette und Fagott dem Fis-dur ihr F-dur entgegen! Lied und Tanz lösen sich in einem tollen Wirbel auf. Aus diesem Tanz muß alles Akademische verbannt sein, wie aus der Schenke des Lillas Pastia, dem anrüchigen Ort mit den morschen Mauern, die bald die Beteuerungen hingebenster Liebe hören werden. Aber noch soll der Andere erscheinen, der im Solde des Schicksals steht, Escamillo. Können Brutalität und Ruhmsucht sich besser äußern als in seinen Strophen? Bizet wollte es anders; und nur der Einspruch Ludovic Halévys führte ihn auf den Weg gröbster Realistik, der hier der einzig richtige war. Carmen kann dem Verhängnis kein Veto entgegenrufen; nein, wie sie, ohne des Don José zu gedenken, die Lüsternheit der Offiziere mit ihrem Tanz geweckt hat, bietet sie dem Schicksal die Hand, kündet Escamillo mit ihrem Blick künftige Freude. Aber mag man auch seinen Gesang so banal schelten wie den Stierkämpfer selbst, bei seinem Abgang zwingt er das Orchester zur Noblesse, zu jenem leisen Verhauchen, das uns als persönlichste instrumentale Eingebung Bizets stets von neuem überrascht und entzückt.

Es gibt kein Halten mehr. Wir können kaum Atem schöpfen. Da greift alles ineinander. Die Musik, in erhabenster Schönheit, ohne jede Spur von Hast, und doch in leidenschaftlichsten Rhythmus dahinschreitend, ebnet den Geschehnissen den Weg. Eine Nummer wie das herrliche Quintett, in dem Spitzbüberei, Humor, Ironie im Flüsterton, schwatzhaft und doch ohne ein Zu-

viel, mit einziger Grazie vorüberhuschen, hat die Handlung so
weit gefördert, daß nun Don José seine Liebe singen darf. Car=
men bleibt hart bei aller Lüsternheit; denn mit der Stimme der
Liebe ertönt der Ruf der Pflicht gegen ihre Genossen. So fügen
ihr von der Castagnette begleiteter Romalis und der Zapfenstreich
sich ganz natürlich ineinander; sie bleibt hart gegen den mit der
Soldatenehre ringenden Don José, dem doch die Wahrhaftigkeit
seiner Liebe auf dem Gesicht geschrieben steht. Wenn jetzt, nach
einem Aufbäumen männlicher Kraft, im Englischhorn das Schick=
salsmotiv erscheint, da klingt es, als sei die eherne Notwendig=
keit selbst beseelt, gerührt, trostlos darüber, daß soviel Innerlich=
keit von der Lüsternheit in den Schmutz und in das Verderben
gezogen wird. Und nun steigt die wunderschöne Des-dur-Cantilene
empor, die alles Wohl und Wehe, alles Bangen und Hoffen in
eine warm emporquellende Melodie faßt. Ihre Kadenz, deren
Seltsamkeit befremdete, vollendet den Eindruck der bedingungs=
losen Hingabe. José ist „une chose à elle". Was hat Carmen
darauf zu erwidern? Nichts anderes als: nein, du liebst mich
nicht. Neben dieser brutalen Nichtachtung der edleren Gefühle
ertönt der Zigeunerruf nach Freiheit mit dem listigen Hinter=
gedanken, daß José nicht nur ihr, nein auch der großen Familie
der Schmuggler angehören soll. „Dort in der Berge wilden
Klüften". Der lebendige Rhythmus, der Kampf Don Josés gegen
die Zauberin, die ihn in den Deserteur verwandelt, reißen uns
fort; Zunigas Kommen hat keine Bedeutung mehr. José hat
mit der Vergangenheit gebrochen, hat alles, seine bessere Natur,
seine Familie, seine Ehre auf dem Altar der Leidenschaft geopfert.

Der Rhythmus des Zigeuners hat ihn bezwungen; mit ihm klingt ein Akt aus, der in machtvoller Steigerung, Knappheit, Erfindung, Seele und Geist seinesgleichen sucht.

Wieder meldet sich der absolute Musiker zum Wort. Das für die Arlésienne geschaffene Zwischenspiel bedeutet für das Drama wenig; es darf uns hier eine Mondscheinlandschaft vorzaubern und doch mehreren Herren dienen. Die Flöte offenbart ihre ganze Seele; sie webt die warme und zarte Melodie über der Harfe; allmählich schließen sich dem Paare Freunde an; im Kanon singen und entwickeln sie; ein schönes und mildes Zusammenklingen ist es, Friede lagert über den Harmonien. Die kanonischen Schlußpizzikati werden hier zu langgezogenen, echt empfundenen Tönen.

Kann man in einem durchweg inspirierten, lückenlosen Werk wie „Carmen" überhaupt von Schwächen reden, so wären sie im dritten Akt zu finden. Das Drama gerät ein wenig ins Stocken; aber da strebt die Erfindung und Farbenkunst noch einmal in die Höhe und reiht in geschlossenen Stücken Bilder aneinander. Wer mit fliegendem Atem hier angelangt ist, darf sich eine köstliche Ruhe im Schoße reiner Musik gönnen. Nie wird ihn der Gedanke der Monotonie beschleichen. Geheimnisvoll, dumpf, schwer, mühsam gehen die begleitenden Stimmen mit der Flöte, die eine Litanei flüstert; nach jedem Takt machen sie Halt, tun einen Schritt zurück, gleiten unsicher von as nach a. Die Flöte tritt in diese Spur; die Familie der Holzbläser nimmt das Mysterium auf; die gleiche Litanei, bis der Chor in ausdrucksvollster Chromatik zur Behutsamkeit mahnt; das Orchester malt von Neuem den geheimnisvollen Untergrund. Doch der Mut wächst ihnen, wo der Lohn der Mühe winkt. Kühner erhebt sich der Sang; aber das Warnen, das wieder leise erklingt, findet Widerhall, und die geheimnisvolle Litanei tönt noch geheimnisvoller aus.

Der Tragödie Schluß kündigt sich dringender denn je an. Als die Leidenschaft noch in ihr lebte, übertönte ihr trotziger Ruf des Schicksals Stimme: nun ist die Lust der Sinne gekühlt; jetzt den Tod erleiden müssen für das, was sie nicht mehr liebt, ihn erleiden müssen, wo man in den Armen eines andern ein neues Glück gefunden, ein grausiger Gedanke. Aber es drängt sie, den Schrecken des gewaltsamen Endes ins Gesicht zu schauen. Sie, die sich durch Anderer Not, Bedrängnis und Selbstaufopferung nicht rühren ließ, wird rührend, da sie den Schlußtakt des eigenen Lebens vorklingen hört. Wie wundervoll meistert die gegensätzlichen Stimmungen das Kartenterzett! Während noch die schmerzliche Klage uns aus Herz greift, der schwere Atem der Hoffnungslosen, vor dem Abgrund Zurückweichenden, in ein krampfhaftes Stöhnen sich verliert, lacht daneben sorglose Anmut und wiegt sich in schönen Zukunftsträumen. Ist das Leben nicht oft so hart und grausam? Kontrabässe und Celli aber geben statt jedes Trostes nur jene fünf Noten, ein rauhes Echo: nein, die Karten lügen nicht.

Doch eine Carmen schüttelt auch ab, was so furchtbar auf ihr lastete. Es lebe Leichtsinn und Laune! Remendado, Dancairo zählen auf sie wie auf die anderen, wenn es gilt, die Weiblichkeit in den Dienst des Geschäfts zu stellen. So spielt sie in dem reizenden Marschlied, das soviel Lebensfreude, Grazie, Koketterie atmet, ihre bedeutende Rolle. Wieder eine Nummer, in der sich

Mme. GALLI-MARIÉ,
die erste Carmen.

Bizets Meisterschaft im Errichten chorischer Gebäude ausleben darf. Hier, in einer Ruhepause, springt er in die Bresche, stimmt im Rahmen eines Konzertstückes einen Hymnus auf das Unvergängliche im Weibe, auf seine Anmut an. Bis jetzt hatte das Weib seine Sirenenkünste nur spielen lassen, um den Mann zu verderben; so durchzitterte, was sie sang, ein Fieberschauer, aber nichts Befreiendes kam von ihren Lippen. Nun weiht sie sich harmloserem Dienst; und sanft steigen die Violinen empor, das Schmachten und das Schwärmen wird zu einer schmeichelnden Phrase. Sie mündet in B-dur; aber mit einer Modulation, die zwei Takte fällt, findet der Meister den Weg zu dem Des-dur-Rhythmus zurück. Wo die Verlegenheit sonst gern Flickarbeit schafft, spricht die Erfindung des echten Melodikers zum Herzen. Und wieder treten jene Imitationen wie Zärtlichkeiten vor dem Abschied auf. In einem Hauch entschwebt das Motiv.

Alle Personen des Dramas zeigen sich noch einmal: Micaëla mit ihrer ganzen Innigkeit: ihre Lyrik, so wenig neu sie auch sein mag, würde, zumal in der tiefempfundenen Umrahmung durch die Hörner, selbst einer Verdioper ein Ruhmesblatt hinzufügen; und der Mittelsatz, der in diese Lyrik den Wermutstropfen, den Haß gegen die glückliche Nebenbuhlerin mischt, schenkt doch durch die Art, wie er anknüpft, wie er die Sequenz harmonisch adelt, Bizet zurück, was die erste Phrase ihm an Modernität genommen hatte. Escamillo mit seiner ganzen Brutalität: triumphierender denn je darf er von Carmen scheiden. Das Orchester sendet ihm Abschiedsgrüße nach, wie er sie nicht verdient; Liebkosungen, die in ein zartes kontrapunktisches Gewebe gefaßt sind.

Aber mit einem Aufbegehren der bösen Instinkte, mit einem Wüten der Eifersucht schließt der Akt. Die Erfüllung des Geschickes droht.

Der Toreador zieht ein; ihm huldigt Bizet mit dem echt spanischen Zwischenspiel, dessen Leidenschaftlichkeit durch den Gesang des Oboe gedämpft wird; seine Wirkung ist zündend. Von hier an wird, was der Musiker Erfindung nennt, ruhen; an seine Stelle wird die knappe Entwicklung des Dramatikers treten, der doch immer zur Form hält. Wir haben betont, daß Bizet hier nach einem festen Plane arbeitet und die Lösung nicht mit den gewöhnlichen Mitteln der Theaterkonvention herbeiführt. So ist der vierte Akt grandios in seiner Absage an die Vergangenheit; grandios in dem Zusammenprall zweier Menschen, zweier Stimmungen. Für die Händlerszene hat eine lächerliche Tradition, die von Wien stammt, das Ballett eingesetzt. In ihm nützt man die geringe Kenntnis seiner früheren Opern gegen Bizet aus.

Noch zweimal wagt sich die Melodie hervor: Escamillo und Carmen geben einen vollen Einklang der Liebe; dann: Don José hat nach seiner angstvoll erregten Frage: „Wie, du liebst mich nicht mehr", in dem grausam hervorgestoßenen „Nein, ich liebe dich nicht mehr" alle seine holden Träume wie in einen Abgrund versinken sehen. Da wirft er den Rest von Männlichkeit von sich und hält sich an das schmerzliche Bekenntnis ewiger Liebe als den letzten Rettungsanker. Eine Carmen lockt die Treue nicht, stößt die Feigheit ab. Eine Carmen wird aus Mitleid nicht lieben. Nur unter dem gezückten Messer wird sie ihrem Don José als einem Helden zujubeln, als eine Sterbende wird sie ihm gehören.

Dort der Auftakt des Lebens, hier sein mit einer schrillen Dissonanz ausklingender Schlußtakt. So wahr endet „Carmen".

Wir hatten Bizet verlassen, wie er am Abend jenes denkwürdigen 3. März 1875 erst die Glückwünsche, dann die Höflichkeiten seiner Freunde anhörte und schließlich fast allein blieb. Die Aufführung mit Mlle. Galli-Marié, Lhérie als Don José, Mlle. Chapuy als Micaëla, Bouhy als Escamillo hatte allen billigen Ansprüchen genügt. Wieder war er der Prediger in der Wüste gewesen; und dieser Mißerfolg traf ihn schwerer als alle anderen.

Halévy, der dasselbe Haus bewohnt, tritt mit ihm zu Fuß den Heimweg an; Meilhac begleitet sie. Alle sind stumm. Die beiden Textdichter, die ihm zugleich innige Freunde waren, hatten für sich nichts, alles für Bizet ersehnt.

Man könnte übergehen, was die Presse am nächsten Tage über das Ereignis sagt. Sie findet die Musik „dunkel, gelehrt, mehr symphonisch als dramatisch". Einer erklärt wieder ganz im Ernst: Bizet gehört zu jener neuen Schule, deren Lehre darauf abzielt, den musikalischen Gedanken aufzulösen, anstatt ihn in feste Grenzen zu bannen. Für diese Schule, deren Apostel Herr Wagner ist, ist das Motiv außer Mode gekommen, die Melodie überlebt, der Gesang, vom Orchester übertönt, soll nur sein schwaches Echo sein" . . . Solchen Leuten mußte Bizet die Frucht mühevoller, begeisterter Arbeit reichen.

Er hatte mit dem Schicksalsmotiv in „Carmen" sich selbst den Tod geweissagt. Lange schon war er leidend gewesen; ein Halsübel, das ihn von Zeit zu Zeit heimsuchte, fesselte ihn jetzt länger als sonst ans Zimmer. Und eine tiefe Melancholie verbirgt sich nur schlecht unter der ihm eigenen, leicht ironischen Form, in die er seine Rede kleidet. Aber seine Spannkraft erlahmt nicht. Sie wird ihn, so glaubt er, auf dem Lande, in Bougival, an den Ufern der Seine, zu neuem Schaffen anregen. Schon plant er, nachdem ein „Don Rodrigue" entworfen ist, ein Oratorium „Geneviève de Paris". Ihm gilt der Besuch, den Louis Gallet, der Verfasser des Textes, ihm abstattet. Und hier ist er zum erstenmal nicht der leidenschaftliche Arbeiter, der nur stehend oder umhergehend von seinen Ideen sprechen kann. Im Krankenstuhl, wenn auch lächelnd und voll Hoffnung, erzählt er erst seine Leidensgeschichte, spricht dann über seinen Plan.

Gleich darauf geht er aufs Land. Am 2. Juni sucht ihn Halévy auf und findet ihn besser. In der Nacht wird er geweckt. Bizet ist tot; Carmen hatte gerade ihre zweiunddreißigste Aufführung erlebt.

Es war ein fürchterlicher Schlag für seine Freunde, die mit ganzem Herzen an ihm hingen; ein damals noch unberechenbarer für die Tonkunst Frankreichs. Eine Trauerfeier in der église de la Trinité enthüllte in Bruchstücken der „Arlésienne", dem Duett aus den „Perlenfischern", dem Mittelsatz aus „Patrie", Teilen aus der „Carmen", die wegen ihrer Immoralität die Gemüter noch so stark erregte, ungeahnte Schönheiten. Nekrologe erschienen, in denen man dem Verstorbenen Kränze wand und den Anfang der Rehabilitation schenkte. Seine Familie und seine Freunde stellten am 10. Juni 1876 eine Büste Bizets auf dem Père-La-Chaise auf.

Den schönsten Nekrolog hatte Bizet sich selbst mit „Carmen" geschrieben. Wer könnte dieses Drama von der Liebe Leid erleben, ohne zugleich dem, der es geschaffen, eine trauervolle Erinnerung zu weihen! Der junge Mann, der einst so hoffnungsfreudig in die Zukunft geblickt hatte, mußte seine Größe mit herberer Tragik erkaufen als die Meister der Vergangenheit.

Man weiß, daß „Carmen" nach weiteren 16 Vorstellungen im selben Jahre ganz von der Bühne der „Opéra Comique" verschwand und den Rücktritt des Direktors du Locle 1876 nach sich zog. Sein Nachfolger Carvalho, dem Bizet im Leben teuer gewesen war, widerstand jeder von seiten der Textdichter an ihn herantretenden Versuchung, das „unmoralische" Werk aufzuführen. „Carmen" blieb verfehmt. Nur in Frankreich; denn in Wien ging es im Oktober 1875, in Brüssel 1876 in Szene: hätte Bizet sich über die Wiener Aufführung, die ihm kurz vor seinem Tode angekündigt worden war, wirklich gefreut? Wohl kaum. Sie war ein dreister Angriff gegen das Werk. Guirand, Bizets Freund, hatte den Dialog durch Rezitative ersetzt, was nicht nötig, aber auch nicht schädlich war. Die Entstellung des vierten Aktes durch das Ballett, durch pomphafte Aufzüge machte den Erfolg der Oper. Diese Lächerlichkeit hat sich erhalten, obwohl das Verständnis ihres wahren Wertes durchgedrungen ist. Anders in Brüssel. Dort ließ man „Carmen" ihr volles Recht werden. In Deutschland erwarb sie sehr bald Heimatsrecht, obgleich Berlin erst 1880 nachhinkte. Vom Jahre 1878 an faßten sich französische Provinztheaterdirektoren ein Herz; und siehe da! Das Experiment gelang. Doch Herr Carvalho blieb hart bis zum Jahre 1882.

Da war sein Leben ein Martyrium geworden. Man quälte ihn von allen Seiten; namentlich die Abonnenten der „Opéra Comique" drangen auf ihn ein. So teilte er denn Anfang 1883 Meilhac und Halévy mit, daß er „Carmen" aufführen wollte. Und er führte es auf, so hastig, so unvollkommen, daß alle gegen diese Blasphemie Einspruch erhoben. Damals durfte man von einer Entweihung der Oper sprechen, die einst mit Stimmenmehrheit eine Entweihung der Moral genannt worden war.

Presse und Publikum jubelten ihr zu, erhoben die heftigsten Vorwürfe gegen Carvalho, der ihnen eine Probe statt einer Aufführung geboten hatte. Auch diese, des Werkes würdig, kam am 27. Oktober 1883. Im Dezember 1904 konnte „Carmen" ihre Revanche in Paris unter der Direktion Albert Carrés zum tausendsten Male erleben.

Opern haben ihre Schicksale. Häufig aufgeführt, werden sie mit anderen Augen angesehen; wie man an einer Frau, die man liebt, immer neue Reize aufsucht. In „Carmen" bieten sie sich von selbst dar. Doch das genügt nicht. Die Pracht der Musik ist dem Ohre so vertraut, daß man über sie als eine Selbstverständlichkeit hinweggeht und das Drama in der Aufführung betont sehen will. Die tönende Partitur soll den Nerven ein Stimulans sein. Je dramatischer eine Musik ist, desto näher liegt ein solches Mißverständnis. Eine „Traviata" darf unberührt ihres Weges gehen, während eine „Carmen" theatralisch aufgeputzt und in ihrem Wesen leicht verändert wird. Nicht überall ist man so weit gegangen. In der Pariser „Opéra Comique" und vor allem in der Berliner „Komischen Oper" stürmt eine er-

"CARMEN"
n der Komischen Oper zu Berlin, Akt I

finderische Regie gegen die Vergangenheit. Wir schätzen die Eigenart und wünschen nur, daß pietätvolle Großzügigkeit das teure Gut in seinem Wesen nicht verletze. Carmen, die echte Zigeunerin, ist zu einer Salondame geworden. Die vielen Löcher in den Strümpfen, die Josés Sinnlichkeit nach Prosper Mérimée in der Erinnerung stets von neuem reizen, sind geschwunden. Dem Sieg der Primadonneneitelkeit in bezug auf Äußerlichkeiten steht ein starkes Manko an Einsicht in den Charakter der Figur gegenüber. Man vergißt, daß hier der weibliche Instinkt das letzte Wort sprechen muß. Über Mißverständnisse und Verdienste der Carmendarstellerinnen ließen sich Bände schreiben. Schließlich ist diese Theatralik in Wagners Prinzipien begründet, der den Aufführungen seiner Werke als sein eigener Textdichter die Einheit gesichert hat.

Bizet, Wagner und die Oper der Zukunft.

Unser Buch kehrt zum Ausgangspunkt zurück. Man hat Bizet in Frankreich, wo man ihn nicht verstand, einen Wagnerianer genannt, gescholten. Wir aber wissen, daß er trotz Wagner den Weg zu den Herzen fand; daß er in einer Zeit, wo der Genius des Bayreuther Meisters alles überschattete, unter einem anderen Zeichen siegte.

Jeder Schaffende, der in unserer Zeit um die Palme des Erfolges ringt, auch wer sie gewann, muß sich mit Richard Wagner auseinandersetzen. Georges Bizet kann es leichten Herzens tun. Hatten wir nicht gesagt, daß Wagner ihn hätte unter seine Fittiche nehmen, ihm wie sich selbst die Wege hätte ebnen können? Damit sprechen wir zweierlei aus: erstens, daß unser deutscher Meister auch ihn, unseren Liebling, überschattete; zweitens, daß beide, wenn auch auf verschiedenem Wege, das Gleiche suchten.

In beiden lebt ein glühendes Streben nach Wahrheit. Hat Bizet den Wahrheitsdurst aus Wagner geschöpft? Vielleicht. Aber wahrscheinlicher ist, daß sie aus dem gleichen Quell, aus dem Quell der Poesie, aus dem des Dramas getrunken haben. Bei Wagner brauchen wir nicht erst zu begründen, daß er auf solchem Wege zu seiner ureigenen Kunst vordrang. Von Bizets literarischen, poetischen Neigungen, von den Zweifeln, die ihn beschlichen, haben wir gesprochen. Wir können die Äußerung verbürgen: „Je ne me suis donné à la musique qu'à contre-coeur". Eine Äußerung, die bei Bizet mehr in Erstaunen setzt, als sie uns im Munde Wagners überraschen würde. Aber sie bezeugt uns, wie ihn die große moderne Vielseitigkeit die Schranken siegreich durchbrechen ließ, die den Musiker als den Schöpfer tönender Formen nur zu oft von den Realitäten der Welt und der Kunst trennen. Auch er hatte, wie Wagner, seine Weltanschauung. Aber auch sie hält sich an die Realitäten des Lebens.

Er haßt die Systeme. Lehrt uns doch die Geschichte der Weltweisheit, daß sie, zwischen Wirklichem und Gewünschtem vermittelnd, immer Schiffbruch gelitten haben. Seine Philosophie, die sich dem Positivismus nähert, bleibt nüchtern und klar, ohne der Abgründe zu achten, in die jeder ernsthaft und lange über die Welträtsel Nachdenkende sich notwendig verlieren muß. Aber alles Doktrinäre hält er von sich fern, gestattet ihm nicht, in

seiner Kunst sich einzunisten und ihm den Boden unter den Füßen
abzugraben. Wir wissen trotzdem, daß er als Künstler bewußt
seinem Ziele zustrebte. Aber er band sich in bezug auf die Kunst-
mittel nicht die Hände; sie wuchsen und wuchsen ihm mit der Inspiration, die seiner Phantasie Schwingen lieh. Bizet hat ein
mal als Kritiker in der Nummer vom 3. August 1867 der Re-
vue Nationale selbst das Wort ergriffen und von so hoher Warte,
allem Parteigeist so fremd, mit so unbedingtem Wahrheitssinn
gesprochen, daß man von ihm, der aus einer schon reichen Er-
fahrung, aus einem hochentwickelten Können schöpfte, auch hierin
Großes erwarten konnte. Aber es blieb bei diesem einen Glaubens-
bekenntnis. Bizet begriff sehr wohl, daß er sich seinen Weg, auf
dem schon tausend Steine lagen, mit kritischen Äußerungen nicht
noch mehr versperren durfte. Doch seine Worte, die den eleganten
und zugleich jeder Phrase wie allem Doktrinären abgewandten Meister
der Feder zeigen, verhallten damals nicht ganz wirkungslos.

In Richard Wagner, der allumfassenden Persönlichkeit, wohnen
Doktrin und Schaffen nebeneinander, ohne sich ernstlich zu be-
fehden. Er ist der trockenste Analytiker und der inspirierteste
Künstler. Er scheut sich nicht, auch die Philosophie in seine Kunst
hineinzuziehen. Seine Philosophie ist so groß, daß er ihr auch
den Eintritt in das durch den Instinkt geheiligte Gebiet nicht
verwehren konnte.

Mit einem Wort: Bizet, der der Welt gehört, bleibt doch
Franzose. Wagner, der unserer Zeit den Stempel aufdrückt, der
Deutscheste aller Deutschen. In dem Schöpfer des Musikdramas
ist die Kühnheit der Konzeption so groß, daß sie auch den Rea-

lismus antastet, in ihren Bann zwingt: die Phantastik spielt hinein und bleibt siegreich. Er geht auf den Mythus zurück und schafft sich schon damit einen Boden, auf dem Doktrin und Inspiration, phantastisch vermengt, sich voll ausleben können.

Bizet bleibt der Wirklichkeit treu. Er ist bei deutschen Meistern in die Schule gegangen, er hat sich mit allem Wissenswerten befreundet, aber er läßt sich von ihm nicht beherrschen, nicht beirren, die Fesseln, die er sich anlegt, nicht sprengen; er wählt nur aus, was seiner Kunst dienen kann. Sein Wirklichkeitssinn ist unberührt von Doktrin wie von Phantastik. Er geht nicht ins Ungemessene, weder im Stoff, den er dem Leben entnimmt, noch in den Mitteln. Das Ungeheure in Wagner, das die Form auflöst, stürmt gegen das alte Kunstideal, macht aus der Trösterin und Freudenspenderin Musik eine Erregerin des ganzen Organismus, von dem das höchste Maß an Arbeit gefordert wird. Nicht nur an Arbeit, auch an Entsagung, weil in diesem gewaltigen Ringkampf von Kunst, Philosophie und Wissenschaft notwendig ein Rest bleiben muß. Und bei aller Arbeit des Verstandes, der sich an die zwischen Wort und Ton gesponnenen Fäden klammert, ein Aufwühlen der Sinne, wie es vorher nie gekannt war. Denn eine Isolde, eine Brünhilde dringen, obwohl übermenschlich empfunden, doch noch anders auf uns ein als eine Carmen, die uns mit ihrer Wahrheit ins Herz schneidet. Bizet bleibt Wirklichkeitsfanatiker. Da er Elemente, die er nach der ganzen Vergangenheit und dem aus ihr gewonnenen Charakter der Tonkunst für fremd halten mußte, ängstlich von seiner Kunst fernhält, kann er bereichern, ohne einzureißen. Er kennt und verwendet das

Leitmotiv, wie es auch die dramatische Musik vor Wagner verwandt hat; aber er geht um der musikalischen Symmetrie willen der Sequenz nicht aus dem Wege, die bei dem großen Bayreuther im Kampfe mit dem dramatisch-psychologischen Leitmotiv immer unterliegt.

Bizet schreitet unaufhaltsam und rasch vorwärts, und seine Knappheit könnte die Illusion rauben, wenn nicht der übermächtige musikalische Instinkt, der in dem Musiker contre-cœur so gewaltig hervorbrach, sie uns glänzender denn je zurückeroberte. Einheit von Wort und Ton! Der Franzose kann sie nicht suchen, weil nur die Ausdrucksgewalt der Sprache zu diesem Gedanken verführt. Aber Bizet, als echter und vornehmster Vertreter des Franzosentums im Drama, darf sich trotzdem rühmen, Einheit von Musik und Handlung nicht erzwungen, nein, auf natürlichstem Wege gewonnen zu haben. Sein Leitwort „sans forme pas de style" drängt ihn zum strafsten Rhythmus, zum Tanzrhythmus; in ihm, der hier das Drama kraftvoll unterstreicht, ist er erfinderisch, wie Wagner es bei seiner ungleich schwierigeren Aufgabe, bei seinem Programm nur je ist. Und die Klippe der Banalität ist immer glücklich umschifft. Aber Einheit von Wort und Ton, von der Ausdrucksgewalt der Sprache eingegeben, schafft einzige lyrische Werte. Und hätte der Musiker bis jetzt gezögert, wenn er den ersten Platz in seinem Herzen schenken sollte, hätte er vor der ungeheuren Persönlichkeit Wagners als pietätvoller Anhänger der Form nicht die Waffen strecken wollen, hier, vor dem lyrischen Wagner, wird er sich für besiegt erklären. Unseres deutschen Meisters Lyrik ist wie das Wort, aus dem sie geschöpft ist, beweglicher, bewegender, persönlicher, und weil sie übermenschliche Persönlichkeiten unserem Menschenherzen in versöhnende Nähe bringt, auch innerlicher. Man wird Bizet die Innerlichkeit des Empfindens, auch den stärkeren Grad im Ausdruck, wenn man seine Vorgänger daraufhin prüft, nicht streitig machen. Und dies rettet ihn auch vor dem Verdacht, als sei er ein Vorahner der modernen Gemütsarmut, die dem Scherzo die Souveränität geschenkt hat.

Vergleich ist Kampf. Und wem ehrliche Liebe für Bizet ein Buch diktiert, der darf diesen Kampf — einen Kampf mit ungleichen Waffen — nicht heraufbeschwören. Aber haben ihn nicht die heraufbeschworen, die Bizet immer als „farouche Wagnérien" bezeichneten? Wie haben gesehen, wie es darum steht. Die Sprache der Modernität zählt mehr denn einen Dialekt. Und der Wahrheitsdurst, der die moderne Seele füllt, wurde von zweien, die an der Poesie, am Drama mit allen Fasern hingen, verschieden gestillt. Der als Musiker wider Willen begann, wurde ein Musiker aus Überzeugung und konnte mit seinem musikalischen Gewissen nicht paktieren.

Aber wir müssen uns noch gegen einen anderen Vorwurf schützen. Der Kampf auf dem Felde der Wahrheit wird mit um so ungleicheren Waffen geführt, als dem einen der Kämpfenden der Lebensfaden allzufrüh durchschnitten wurde. Doch wir haben Grund anzunehmen, daß seine Persönlichkeit in „Carmen" feststand, wo sie sich unter den glänzendsten Bedingungen betätigte.

Diese Persönlichkeit darf, wenn man die musikalischen Ausdrucksmittel der Wahrheit in Betracht zieht, wieder mit Fug und

Recht Richard Wagner gegenübertreten, und das Geschwätz der Ignoranten, die den jungen Meister zu einem Epigonen der Zukunft stempeln wollten, wird seine Eigenart in um so strahlendere Beleuchtung rücken.

Was hat wohl Bizet zu der tragischen Ehre verholfen, von seinen französischen Zeitgenossen mißverstanden und als Nachtreter Wagners verschrieen zu werden?

Sein Orchester, das symphonische und neue Züge trägt, seine Harmonik, die vor keinem Schritt zurückschreckte, war er nur mit den Forderungen des Dramas in Einklang zu bringen. Daß er schließlich mit den Koloraturen, den antidramatischen Schlußpunkten der Arien bricht, bestärkte den Verdacht der unendlichen Melodie.

Bizet ist ein Kolorist wie Richard Wagner. Aber das Kolossale heischt einen ganz anderen Aufwand von Mitteln, einen Apparat, der zuerst niederdrückt, dann fruchtbare Anregungen gibt. Der Komponist von Carmen weist als Instrumentator in die Zukunft. Sein Orchester, mit Polyphonie durchtränkt, wird zur schmeichelnden Sirene durch jene Klarheit, jene Durchsichtigkeit, die keinem Instrument nur ein papiernes Dasein schenkt, von jedem die in ihm schlummernden Schattierungs- und Ausdrucksmöglichkeiten fordert. Der Hauptteil des Dramas spielt sich in den Holzbläsern ab. Lauschten wir nicht im Vorbeigehen der Flöte, die Nerven und Herz erhielt; strömten nicht der Klarinette, der Oboe, dem Englischhorn und dem Fagott neue Kräfte zu? Die Posaune, die dem Kolossalen dient, war im ersten Akt von Carmen das Stiefkind des Instrumentators. Die Streicher, so gern sie ei⸗ Melodie sangen, fühlten sich doch in den Pizzikati wohl, die v

Pikanterie und Witz erzählen; und wenn die Mehrstimmigkeit am Schluß wie ein Hauch sich verlor, da dachten wir an die hundert Epigonen Bizets, die ihre Weisheit aus diesem Quell geschöpft haben. So ist Bizet für die Instrumentation bahnbrechend geworden. „Durch Einfachheit zur Tiefe" bleibt der Kunst höchstes Ziel. Bizet bekennt sich in einer Zeit, die für das Massige, Unübersichtliche schwärmt, zu diesem alten Ideal, das er als ein Eigener mit modernen Mitteln verwirklicht. Sein Orchester — wie könnte es auch anders sein — predigt dieselbe Knappheit, Klarheit, die ihn in der Entwicklung des Dramas so machtvoll zum Schluß drängt. Und so bleibt er wohl der einzige, den der moderne, so verwöhnte Kapellmeister für voll nimmt; erteilt ihm doch selbst ein Richard Strauß in der Neubearbeitung von Berlioz' Traité d'Instrumentation das Wort.

Die andere Dienerin der Wahrheit ist die durch die Mittel der Harmonie gewonnene Farbe. War das nicht ein wahrhaftes Schwelgen in ihr von den Perlenfischern über Djamileh, l'Arlésienne bis zu Carmen? Wie wundervoll, daß sie den Damm der Form nicht durchbricht! Auch hier ist er ein Eigener. Die Exotik, der sein Herz von Anbeginn an gehört, bereitet ihm nur den festen Grund unter den Füßen, schenkt ihm die Konturen. Sie ist ihm kein Vorwand, kein Mittel, Eigenart zu heucheln. Sein Selbst erliegt nicht der Gefahr der Schablone, der plumpen Nachzeichnung eines fremdländischen Typus. Mit sicherer Hand läßt er aus dem Typischen das Individuelle emporwachsen, durchdringt den fremden Ton mit dem eigenen, schafft Charaktere, ist unerschöpflich in Nüancen. Mit dem allem Kosmopolitismus abholden germanischen Geist trifft er sich in der Verwertung des Chromas; scheidet sich von ihm aber sofort, weil ihm der esprit de système zuwider ist. In Djamileh gibt es extravagante Stimmungen, die den Geist des „Tristan" von fernher grüßen; aber da nur Wagners Dichtung den Halbschritt als alleinseligmachenden rechtfertigt, schlüpft die Überschwenglichkeit in ein anmutiges französisches Gewand und schwört die Verwandtschaft mit dem deutschen Meisterwerk ab.

Was dem Meister aus der Feder floß, atmet Gesundheit. Und noch wenn er das Toben der Leidenschaft in Töne bannt, hat ihm, der mit heißem Atem schuf, sein künstlerisches Draufgängertum die Nüchternheit nicht rauben können.

Damit aber erweitert sich, was bisher nur ein mehr oder weniger berechtigter Vergleich schien, zu einem Problem. Wird das Gesunde, wird das Ungesunde siegen? Kein Zweifel: im konsequenten Chroma Wagners, wie es der „Tristan" zeigt, in der ebenso konsequenten Auflösung der Form, in diesen zwei Kühnheiten, die der Kühnheit des Gedankens entsprechen, steckten Elemente der Dekadenz. Sie konnten in dem Meister aller Meister der dramatischen Musik einen Gipfelpunkt schaffen. Sie mußten aber die Schatten des Epigonentums nur noch schwärzer erscheinen lassen. Man weiß, daß Wagner keine Schüler, nur Epigonen zeugte. Es ist eine Ironie der Kunstgeschichte, daß vom Ungesunden die stärkere Suggestion ausströmt, die die Schwächeren noch schwächer macht. Die Kraft der „Meistersinger", dieses in Wagners Schaffen einzig dastehenden Werkes, lockt kaum zur Nacheiferung; nur sehr wenige wüßten wir zu nennen, die aus ihnen Ansätze zu eigenem Schaffen gesogen hätten. Und da liegen doch Entwicklungskeime, die positiver, mächtiger sind, als sie in dem eigenartigsten, ungeheuren, niederzwingenden Tristan ruhen. Je fester der musikalische Ausdruck an ein Außermusikalisches, Persönliches gebunden ist, desto hartnäckiger, beharrlicher, systematischer, klarer erscheint er; die Sonnenklarheit und die Systematik verführt zu wörtlicher Nachahmung. Und gerade sie muß in diesem Falle verzehren wie das Feuer der Sonne.

Nehmen wir den von der Sonne Wagners beleuchteten, aber nicht verzehrten Bizet als klassisches Beispiel dafür, wie auch ein Moderner im Drama wahr, lebendig und doch gesund schaffen kann, so drängt sich uns das Wort auf die Lippen: der Buchstabe Wagners tötet, aber der Geist Bizets macht lebendig. Aber haben wir nicht gesagt, daß Bizet, der der Welt gehört, trotz alledem Franzose bleibt? Und soll uns der Franzose, der klassische Vertreter des Esprits, den Weg weisen? Hat er ihn doch selbst seinen Landsleuten nicht endgültig weisen können. Ein Debussy berauscht sich am Impressionismus der Malerei und will die Vergangenheit, die dem Franzosen den Sinn für geschlossene Form als eigenste Note zuschrieb, Lügen strafen. Man sieht: Chaos überall. Und es muß genügen, wenn wir das gestellte Problem beleuchten, anstatt es zu lösen. Der Schöpfergenius läßt sich auch so nicht erzwingen, die Entwicklung sich nicht aufhalten. Die beiden Wege werden wohl noch lange nebeneinander laufen, und der Versuche wird kein Ende sein. Schließlich ist aus der Fortentwicklung Wagnerscher Prinzipien in Richard Strauß' „Salome" eine geistreiche Episode entstanden. Wird dieser Weg nach einem neuen Rom führen? Wird man der Gesundheit der Melodie endgültig überdrüssig bleiben, in der Schwäche eine Tugend sehen? Wird die musikalische Bühnenkunst mit ihrem ewigen Streit zweier Nebenbuhler in absehbarer Zeit der Vergangenheit gehören? Das Prophezeien wäre töricht, wo tausend unberechenbare Faktoren sich in die Kunst drängen.

Freuen wir uns des Gegenwärtigen. Begeistern wir uns auch an „Carmen", das heute noch zündet wie einst; frohlocken wir, daß ein Meister, der so tragisch endete, dem Schicksal nicht nur ein, sondern zwei, drei Meisterwerke abgerungen hat; begreifen wir, daß Bizets künstlerisches Dasein in seiner Knappheit die gleiche folgerichtige und spannende Entwicklung zur Höhe und zum Ende zeigt wie das populärste seiner Werke, das uns ein teures Vermächtnis ist, das der Gegenwart gehört wie der nächsten Zukunft.

Nachwort.

So wäre das Buch beendet? Und von Bizets Hinterlassenschaft kein Wort?

Der Meister, der Musiker des Instinkts, arbeitete dem Schicksal, nicht dem Forscher in die Hände. Wissen wir nicht, wie wenige Federn er in Bewegung gesetzt hat? Der Forscher verlangt von jedem dahingeschiedenen Meister, daß er ihm gestatte, an einem künstlerischen Nachlaß seinen Scharfsinn zu üben. Bizet haßte den Staub; er, dessen Leben ein früher Tod zum Bruchstück gemacht, haßte auch die Bruchstücke in der Kunst. Was von ihm blieb, sollte vollendet sein, oder es sollte nicht sein.

Man erzählt, ein Meisterwerk „Le Cid" oder „Don Rodrigue" sei mit ihm begraben worden: An einem Abend, Ende Oktober 1873, fanden sich in Bizets Wohnung Eduard Blau, Louis Gallet und der ausgezeichnete Tenor Faure ein. Bizet sang ihnen mit seiner dünnen, kranken Stimme aus einer Partitur, die nur die Gesangspartie und einige für ihn verständliche Angaben enthielt, ein neues Werk vor. Der Originalcid von Guilhem de Castro, wie er ihm zufällig in einer Übersetzung des Journal pour tous entgegentrat, hatte ihn begeistert. Das atmete Leben, das reizte ihn durch spanisches Kolorit. Eine Szene, in der ein Bettler von den Soldaten verjagt, von Don Rodrigo gepflegt wird und ihm die Seligkeit verspricht, läßt ihn nicht los. Er schenkt sie dem vierten Akt. Der dritte wird die Liebe „ce profond sentiment d'amour . . . la vraie pierre de touche du compositeur dramatique" in neuer Form singen.

Gallet läßt sich gleich ihm begeistern; und wir sind Zeugen des natürlichen Ausscheidungsprozesses, den das Genie vornimmt: der Kampf ums Dasein im Reiche der Ideen, der sich für die Außenwelt ganz unblutig vollzieht, zwingt den liebenswürdigen Komponisten, auch seinen Textdichter mit Änderungen zu quälen. Und noch einmal ruft der bescheidene und hochstrebende Künstler auf der Höhe seines Könnens und gegen das Ende seines Daseins aus: „So gut ich es auch mache, ich werde stets hinter meinem Wollen zurückbleiben".

Nun lauschen die Freunde dem Ergebnis des inneren Kampfes und der mühevollen Arbeit. Nein, ihre Hoffnung hat sie nicht getrogen. Was sie hören, verheißt dem Künstler, dessen Meisterschaft und Größe nicht nur für die Welt, sondern für die meisten Franzosen damals noch ein Geheimnis ist, den langersehnten Erfolg. Bizet singt, begleitet, erklärt das Werk voll Leidenschaft und Farbe vom ersten bis zum letzten Takt.

Mitternacht war vorbei, als man froher Hoffnung schied: die Freunde wußten nicht, daß sie einem Leichenbegängnis beigewohnt hatten. „Carmen" sollte mit „Don Rodrigo" im Streit liegen und den Sieg davontragen. Die Partitur blieb mit ihren Zeichen für alle außer für Bizet ein undurchdringliches Mysterium. Er hat es mit ins Grab genommen, da ihm der Tod die Feder aus der Hand riß.

Doch die Mühe pietätvoller Sucher, vor allem Ernest Guirauds, schien einen Augenblick belohnt zu werden. Man fand andere

Nummern und veröffentlichte sie. Sie sind kein echter Bizet, so wenig wie die Oper „Noë", die der Schwiegersohn Halévys und Gatte Geneviève Halévys liebevoll zu Ende geführt und für eine Aufführung (die sie ein paar Mal in Deutschland erlebte) reif gemacht hatte. Soll man über dieser Hinterlassenschaft grübeln? Ist's nicht besser, bei dem Bizet zu verweilen, wie er im Angesicht des Todes, ein Glücklicher und ein Unglücklicher zugleich, den Weltruhm gewann?

Alle in diesem Buch enthaltenen Notenbeilagen sind Bruchstücke aus den im Verlage von Choudens, Paris, erschienenen Werken des Meisters.

www.ingramcontent.com/pod-product-compliance
Lightning Source LLC
Chambersburg PA
CBHW030114010526
44116CB00005B/246